Zoé Unakim

Alemania

Zoé Unakim

Alemania

Welten-Mitte

Trainerverlag

Imprint

Cover image: www.ingimage.com

Publisher:
Der Trainerverlag
is a trademark of
International Book Market Service Ltd., member of OmniScriptum Publishing Group
17 Meldrum Street, Beau Bassin 71504, Mauritius
Printed at: see last page
ISBN: 978-620-0-76894-0

Inhaltsverzeichnis:

I. Deutschland:

Deutschland – das auserwählte Land[1]

Wenn dein Bewusstsein und damit das Durchschauen deiner Welt sich öffnet, dann werden sich dir hunderte von Menschen auftun, die bereits Worte entpacken können, dass dir nur schwindelig wird.

Um das mal auf den Punkt zu bringen: Deutschland ist seit Äonen das vorgesehene Land, wo genau das passieren wird: Das Entpacken des Quellcodes und somit das Verstehen des gesamten Weltenaufbaus und aller nur möglichen Sprachen, Formen und Wahrnehmungen.

Du siehst nicht zufällig dass im Wort DEUtSchland das lateinische Wort für „Gott" steckt, nämlich „DEUS".

Nicht zufällig hat es den Wortstamm von „DEUTEN" und „DEUTLICH" in sich.

Nicht zufällig sagen die Völker im Orient „Allemanja" („Allah Männer") zu unserem

---

[1] Vgl. https://liebeisstleben.net/2020/06/25/deutschland-das-auserwaehlte-land/

Land, das sich nicht zufällig auf so manchen Weltkarten exakt in der Mitte befindet.

Nicht zufällig

sagte der Christus angeblich: „Wenn ich wiederkomme werde ich erscheinen in Aschkenas…" Aschkenas ist das althebräische Wort für Deutschland, kannste nachschlagen.

Nicht zufällig

gibt es sogar ein Amerikanisches Wort für „Aufkeimen", was sich „germination" schreibt und nicht zufällig nach „german nation" klingt. Natio ist übrigens latein für „Geburt". Wo wir schon beim Thema sind, auch das Wort „Matrix" ist latein und bedeutet „Gebärmutter".

Wahrlich, ich sage dir, dass deine „Ganze Welt" auf einer Wortmatrix basiert, in der ein Geist heranreift, der sich am Tag seiner Geburt als den Autor dieser Matrix offenbart und überhaupt ALLER von dir selbst (dem Autor) ausgedachten Dinge.

Allein über das Wort Deutschland könnte ich ewig so weitermachen. Und glaube ja nicht, dass ich dabei von einer Raumzeitlichen Geometrischen Struktur spreche, innerhalb derer 90 Millionen Menschen leben und so einen Quatsch… Hast du sie jemals gesehen? Hast du Trump oder Q Anon jemals gesehen? Oder hast du immer nur durch Hörensagen von ihnen erfahren, oder sie immer nur auf Displays gesehen, so wie du MICH jetzt glaubst zu sehen? Denn hierin liegt die Crux:

90% der Welt an die du glaubst, ist momentan vollständig von dir ausgedacht, also aus Gedanken bestehend.

Aber was haben ALLE Menschen, ALLE Gegenstände, ALLE Gerüche, Geschmäcker, Töne, Farben und Formen der Welt gemeinsam?

D-ICH.

Sie sind alle IN DIR und können OHNE dich nicht sein.

Mit dir fängt alles an, deswegen wird das Symbol für des Lebens aller Anfang – das „EI“ – im englischen „I“ gesprochen, was „ICH“ heisst. Naja, JCH sind jetzt „rein zufällig“ die Initialen von „J(esus)CH(ristus)“ an dessen Geburt angeblich die ZEIT-RECHNUNG begann und das französische Wort für „ICH BIN“ ist nun rein zufällig „Je suis“.

Lässt du nun nach den Regeln der Gematrie das „I“ weg, so ergibt das schon wieder zufällig den Namen „Je sus“. Nochmal: Was haben der hier von dir JETZT ausgedachte Jesus und ALLE anderen erfahrbaren Dinge ge-Mein-Sam(e)? D-ICH! DU bist ihr aller Gott, der sich durch den Sprachcode seiner Matrix sich seiner selbst zu offenbaren versucht.

Im übrigen sind wir hier mit der Gematrie viel weiter als in Amerika, wir haben bereits einen Gematrie Explorer, ein Nachschlagewerk als Entpackungshilfe aller Sprachen der Welt, in den jeder der weit über 40.000 Einträge per Hand eingetragen wurde.

Hunderte von Menschen arbeiten hier schon seit Jahren völlig unbemerkt von der Masse und ohne organisierte Strukturen an der Offenbarung des Quellcodes. Selbstverständlich alles völlig kosten- und bedingungslos. Es sind halt echte Allahmänner hier in Allemanja…

Dass die ganze Welt jetzt zu Besuch kommt und dass sich bald ALLE Sprachen der Welt hier tummeln werden ist kein Zufall, sondern Vorbereitung auf die Enthüllung (Apokalypse genannt)!

II. Volk:

Geheimnis "Jesus Deutsch" (Z ens ur) - Anonymous - wichtig![2]

Hallo Deutsches Volk. Hallo Russisches Brudervolk. Wer hat sich nicht schon mal die Frage gestellt, warum das Deutsche Volk offen und verdeckt immer wieder angegriffen wird, mit dem Ziel der kompletten Zerstoerung? Moeglicherweise liegt es weit weit in der Vergangenheit zurueck, in der eine Koenigsmutter Zwillingssoehne gebar, wo des darum geht, wer der Erstgebohrene ist! Welcher Nachfahre ist der rechtmaessige Herrscher ueber die Welt und wer stellt das ausgewaehlte Volk dar. Diese gesamte Geschichte ueber Juda ist kompliziert und soll hier in diesem Beitrag auch nur die Tuere fuer den Gesamtvortrag beinhalten, den man sich unbedingt ansehen sollte. Beiliegend einige wichtige Auszuege aus dem logisch und mit Quellenangaben aufgebaute Video. Herzlichen Dank fuer die Zusammenstellung. Auf das die Deutschen und die Russen sich niemals mehr bekaempfen. Gott mit uns. Anonymous. Quelle (Auszüge): Der Stamm Juda (= Deutsche, Russen & Iren, Schotten) https://www.youtube.com/watch?v=dU7pP...

---

[2] Vgl. https://www.youtube.com/watch?v=JLI3PCtvOjU&feature=youtu.be

III. Offenbarung:

“Die wahre Offenbarung deutscher Geschichte Teil I“ – Jesus war ein Deutscher…[3]

Auch wenn wir bei weitem nicht mit Allem konform gehen können, was hier gesagt wird, möchten wir dieses Video dennoch mit Euch teilen

Dankeschön an „Weltfrieden“!

Quelle: Weltfrieden 2020 https://youtu.be/-4jNkuJZL9Q

Die wahre Offenbarung deutscher Geschichte Teil I

Weltfrieden 2020

#WWG1WGA #qanondeutsch #greatawakening #qarmy Jesus Christus in Deutschland! Was hat das alles mit Herr der Ringe, Games of Thrones, Trump oder sogar Stephan Ratzeburg zu tun? Ich habe einen Menschen kennengelernt, der erdrückende Beweise

[3] Vgl. https://k7848.wordpress.com/2020/10/24/%f0%9f%91%8d%f0%9f%92%96die-wahre-offenbarung-deutscher-geschichte-teil-i%f0%9f%92%96%f0%9f%91%8d-%f0%9f%92%a5jesus-war-ein-deutscher-%e2%80%bc%f0%9f%92%a5%f0%9f%98%b2%f0%9f%a4%b7%e2%80%8d/

dafür hat. Heute reden wir das erste mal darüber. es wird eine ganze Serie werden, freut euch drauf Telegram: Weltfrieden 2020 – tägliche News. https://t.me/ftv69 Jedes Video darf ohne zu fragen reupgeloadet werden, aber nur für den guten Zweck! Sollte jemand mit Inhalten dieser Videos etwas anders vorhaben, ist dies ausdrücklich verboten! Folgende Kanäle kann ich euch ans Herz legen, was wiederum nicht bedeutet, dass ich mit allen Aussagen übereinstimmen muss. Trotz allem erkennt man dort einen großen Wahrheitsgehalt ♥ Qlobal Change – X Report 22 – Herzmenschen TV – Anne Phönix – Eva Buntfieber – – Fabijenna – eine deutsche Liebe – Carolinas Blick der Dinge – Verschwörungspraktiker Lars – Amazing Polly – Evey Q – Delphi Qanon – Verbinde die Punkte – Catherines Blick – Akademie Engelsburg – Wert Akzeptanz – Dancing with Demons – n8chtwächter – Bewusstseinshelden – Cassandra 13 – Weltverbesserer TV – Anon Rah – Alpha VUK – Annette Lorenz Kolomba – The Vision – Lion Media – eleni – Mein Buch bekommst du hier: https://www.epubli.de/shop/buch/Der-W... oder hier: https://www.amazon.de/Weg-69-Die-fals...

Kommentare

Von Weltfrieden 2020 angepinnt

Weltfrieden 2020

Hier wird über unser Video diskutiert: https://bewusstseinsreise.net/auf-den-spuren-jesu-in-deutschland/

Deutsche…deus = göttlich…noch Fragen???

Ich wollte nur mitteilen Trump ist ein Plejader und Putin ein Arcturianer sie sind inkarniert genau wie wir um die Menschheit zu retten Verzagt nicht alles wird gut

Trump ist ‚ErzEngel Michael‘ und ‚Plejader‘ und er bekam 2016 das Schwert (Excalibur) überreicht! >> DER STURM IST DA! << GERMANY! > KEYSTONE! >>> RIG FOR RED! <<< [D.S.] in Panic! „Patriots in full control!“ >> Jalta-Konferenz 2.0 << #ObamaGate ? >>> https://youtu.be/tTM1ra7oX8A <<< ?□ ° ﾒL

?□ ° ﾇｵ? ? ? >>> https://youtu.be/eaQISlqE9ck <<< ?□ ° ﾒL

BOTSCHAFT AN DIE DEUTSCHEN! ?□゜ﾇ리 FREIHEIT! ?

>>> https://youtu.be/Ovg2hpKg4e8 <<< ?□゜ﾒㄴ ?

>>> https://youtu.be/peecGmpvoKw <<< ?□゜ﾒㄴ ?

>>> https://youtu.be/wMdtfg73Dxc <<< ?□゜ﾒㄴ [RITTER DER TAFELRUNDE!] Wer ist ‚Q'? Wer ist Prinz Camelot? Wo ist ‚Exkalibur?'

?

>>> https://twitter.com/JohnMappin/status/1211645706534105089?s=20 <<< ?□゜ﾒㄴ?□゜ﾇㅈ?□゜ﾇ리?□゜ﾐム ? ‚COViFEFE' ? C9H9NO3 + FE + FE [Follow the White Rabbit!] ?

>>> https://youtu.be/4Evtnvk5TZc <<< ?□゜ﾒㄴ ?□゜ﾇｵ? ? >>> CORONA <<< „CV-19 is a WH-OP. & not a real threat" … ‚Q-Anon'

?>>> [https://youtu.be/WpW18BA_tVU] << ?□゜ﾒㄴ _ _ \ ? / _ _ •—

?¬ﾀヘ ?¬ﾀヘ [GOD WINS!] ?¬ﾀヘ ?¬ﾀヘ V A X X E D ?

>>> https://youtu.be/112Vh0gkJSE <<< ?□゜ﾒㄴ [Leihgebühr 3,99€]

V A X X E D 2 ? >>> https://youtu.be/zhmUPILYypE <<< ?□゜ﾒㄴ I M

P F S T O F F I N H A L T ! [Was ist in Impfstoffen drin?] ? >>> https://youtu.be/sqx7AR8bnGA <<< ? [QUT QF SHADQWS!] Das ‚Grosse Erwachen‘ beg.! ? >>> https://youtu.be/xn69_Ftr99A <<< ? Der Fall der Kaballe! Das Ende der Welt, wie wir sie kennen! Janet Ossebaad ? >>> https://youtu.be/Kz13K1K1Ow0 <<< (Gucken und Teilen! Teilen!) GLOBALISMUS IST TOT! ‚GLOZIS‘ > Kuba! [GiTMO] MILITÄRTRIBUNAL HOCHVERRAT [TOT!] | ¡ .... ?¬レヤ□? .... DEFENDER 2Q2Q EUROPE! >>> [J U S T I C E] <<< Oder glaubt hier jemand noch allen Ernstes daran, das sie 13.000 Panzer und 8.000 schwerste Militär- Fahrzeuge über den Atlantik schippern, nur um mal zu gucken, wie man dieses ‚Gerät‘ dann schnell von ‚A‘ nach ‚B‘ an die Ostgrenze verlegen kann? Um es dann 3 Monate später wieder zurück nach ‚A‘ und von da dann über den Atlantik zurück zum ‚Startpunkt‘ zu schippern? What a mega ... >>> BULLSHIT! <<< .... ?¬レヤ□? .... [OPERATION S.H.A.E.F.] .... ist die flankierende „Phalanx“ der gewaltigen, wenn möglich friedlichen System-Korrektur! 400.000 US-Soldaten unter ‚LTG Cavoli‘ im Zeichen der „SHAEF‘-Gesetze‘ sprechen eine recht klare Sprache! In meinen sehr einfachen Worten: Der noch hier herrschende, sozialistische ‚Deep State‘ bekommt jetzt richtig fett auf die Fresse! Endstation ‚Guantanamo Kuba“. Und das Konstrukt ‚BRD‘ wird abgestellt!!! Grenzen werden geschlossen und neu definiert! ?□° ㅈ래 ?□° ㅈㅊ ?□° ㅈㅊ? ? > DARKNESS TO LIGHT! <

|[G]ott [G]ewinnt [G]eheim| > A N O N [V] O N A N < [Q] >>> 2Q | 2Q <<< [Q+] [FRIEDEN + FREIHEIT!] .... ? .... ? .... ? .... [Aufstand der Ameisen] »»» WWG1WGA ««« # Q-ARMY „RAINBOW WARRIOR 184“ >>> [I.O.I. – (C.F.R.)] <<< ~ «Wenn Unrecht zum Recht wird, wird Widerstand zu Pflicht!» [Bertolt Brecht] ••• «Wenn der Faschismus wiederkehrt, wird er nicht sagen: ‹Ich bin der Faschismus›. Nein, er wird sagen: ‹Ich bin der Antifaschismus›» [George Orwell] [Ignazio Silone] ••• „Das Böse triumphiert nur deshalb, weil die Guten zu wenig oder nichts unternehmen“ [Edmund Burke] ••• „Friede ist nur durch Freiheit möglich, Freiheit nur durch Wahrheit!“ [Carl Jasper] ••• „Erst wenn die Kriegspropaganda der Siegermächte Einzug gefunden hat in die Medien, Schul- und Geschichtsbücher der Besiegten und von der nachfolgenden Generation geglaubt und übernommen wurde, kann die Umerziehung als wirklich gelungen angesehen werden.“ [Walter Lippmann] ••• „Die Mehrheit der gewöhnlichen Bevölkerung versteht nicht was wirklich geschieht. Und sie versteht nicht einmal, dass sie

es nicht versteht.“ [Noam Chomsky] ••• „Die Autorität eines jeden Staates über seine Bürger liegt in seiner Macht, Krieg führen zu können.“ „Das organisierende Prinzip einer Gesellschaft heißt: Man führt Krieg.“ >>> EXPRESSZEITUNG <<< • shop.expresszeitung.com/shop/shop/abos/jahresabo.html?atid=421 Diese Zeitung ist ein ‚Muss‘ für ‚Aufgeklärte‘ und ‚Patrioten‘! Erlöse aus Bestellungen über diesen Link werden zu 100% gespendet. Verbreitet dieses Blatt! Egal über welchen Link. FREMDBESTIMMT! 120 Jahre Lüge&Täuschung

?>>> https://www.digistore24.com/redir/288273/Arne_Ennulat/CAMPAIGNKEY <<< ? Auch hier! Alle Einnahmen werden 1:1 an Patrioten und Aktivisten gespendet!

Ich hör es mir gerade noch mal an und jetzt kommt es mir. Sie lassen uns nicht in die Antarktis, weil Atlantis sichtbar wurde. Der Eisrand schmilzt und damit wird der Rest von Atlantis sichtbar. Deshalb muss auch unbedingt die Erde abgekühlt werden! Das darf nie raus kommen! Sie werden es sehen! Es wird nicht mehr gesprüht! Ganz weit da hinten machen die Urlaub. Ganz da hinten hocken die für Monate, wenn die gerade mal wieder auf dem Mond oder Mars rumforschen. Dann schaukeln die sich da die Eier und vögeln kleine Kinder, die hier verschwinden. A. H. Wusste das alles! Deshalb ja auch Neuschwabenland! Ich komme gar nicht mehr in den Schlaf. Überlege dir gauze Zeit, wie wir das alles schneller aufdecken sollen. Das glaubt uns doch kein Schwein! Bockssaga,... Bevor das alles sichtbar wird, wollen die uns, die bewussten ausrotten! Impfen. Genug Daten haben die ja durch Gates. Ich muss schlafen. ?□°ルマ

Hab vor 1 oder 2 Jahren verschiedene (bzw. nahezu alles von ihm hier auf YT) Vorträge von Mario Prass geschaut. z.B. https://www.youtube.com/watch?v=YRgoAX7j69c https://www.youtube.com/watch?v=SaC7lvd7jhY Er vertritt auch die These, dass die Geschehnisse der Bibel in Europa spielen, insbesondere Deutschland, Schweiz, Frankreich, Österreich. Maria kam aus Magdala – Magd-ala gibts in Thüringen (aus Magdala wurde Magdalena gemacht, als die Frauen verteufelt wurden und die das ganze matriarchale System in ein patriarchales gepresst haben. Es wird alles gespiegelt, das machen die Satanisten so, deswegen sollen wir auch nicht die Mutter verehren, sondern zum Vater beten.) Magd bedeutete ursprünglich jungfräuliches Mädchen, ehe das als Synonym für Dienstmagd o.ä. wurde. Ala ist das altdeutsche Wort für Mutter. Heisst doch auch Maria – Jungfrau und Mutter? In einer Kirche in Magdala gibts eine Statue von Moses – mit Hörnern. Unweit von da gibts auch Jericho(wer Land). Mario hat ne alte Karte irgendwo ausgegraben, wo Betlehem 30 km entfernt von Essen eingezeichnet war. Ich hab die leider auf verschiedenen Seiten mit alten Karten nicht gefunden. Da gibts ja auch so viele Karten in Archiven, da braucht man Zeit. Aber ich weiss auch nicht, ob der die nicht aus nem Buch hatte. Gibt ja auch die Theorie, dass Jesus Essener war. Jesus predigte am Ölberg und Zion (Gibts in der Schweiz, nennt sich nur Sion) Sean Hross sagt, der Teufel und alles Übel kommt aus der Schweiz. Kommen die Zionisten aus der Schweiz? Gibt aber noch mehrere Orte, die sich mit teils mehr oder weniger veränderten Namen hier in Europa finden. Kamen die Pharisäer aus Paris? War Galilea Gallien? (Was uns als Asterix und Obelix verkauft wird, war wahrscheinlich sowas wie der Kampf der letzten Katharer gegen das römische Reich/Vatikan). Nazareth soll auch in Frankreich (gewesen) sein. Hängt Schottland auch mit drin? Die Freimaurer haben einen schottischen Ritus, warum? Lohnt sich, die Sachen von Mario Prass auch mal anzugucken. Er geht auch auf Sprachen ein, erwähnt auch manche Filme wie Herr der Ringe, 10.000 BC und einige andere, und die Deutung alter Gemälde. Er sagt auch, dass Jesus ein Afrikaner war, ist seiner Meinung nach Unsinn. Wenn die Afrikaner die ersten Menschen waren, warum sind die uns nicht tausende Jahre voraus? Warum kommen die meisten Erfindungen aus Deutschland? Sowie auch die ältesten Musikinstrumente, irgendwelche Tierfiguren, Jagdwaffen o.ä.? Roland Rettke (Deutschland – die Wiege der Kultur?) und Gedanken der Zeit (Irgendwas mit Köln und Atlantis) hatten mal Videos dazu. Und dann gibts noch Erhard Landmann, der sämtliche Sprachen der Welt inkl. Maya Schrift, altägyptische Hieroglyphen etc. mit althochdeutsch übersetzt. Allerdings redet (übersetzt?) er auch viel von Raumschiffen und von Göttern von anderen Sternen usw. Das ist nicht wirklich was, womit ich was anfangen kann. Gibt auch einige unabhängige Forscher, die sagen Maria und Jesus hatten mehrere Kinder. Einige sagen, die wurden nach Polen gebracht, andere sagen, nach Frankreich. Jesus soll auch nicht Jesus geheissen haben, sondern Radomir (slawischer Name, der „Freude und Frieden" bedeutet) Wer weiss ... Babylon soll nach Meinung einiger in Berlin oder Frankfurt gewesen sein. Interessant, in Berlin gibts auch ein großes Kino namens Babylon. Das babylonische Tor wurde auch nach Berlin „transportiert" (laut Wiki)... Ein Bekannter, bzw. ein Kunde von uns hatte mir vor ca. einem Jahr mal erzählt, dass einer der Rothschilds gesagt hätte, dass Israel systematisch so umbenannt und umgebaut wurde, dass es zur Bibel passt. Leider hab ich den auch nicht mehr gesehen, sonst hätte ich mal nach mehr Infos gefragt. (Vllt wurde auch die Bibel teils dementsprechend geändert. Dass die manipuliert ist, weiss man ja). Die Knochen der Heiligen 3 Könige sollen im Kölner Dom liegen – wer hat die denn dahin gebracht, wenn das alles in Israel war? Ich bin auch sicher, dass das alles in Deutschland und im umliegenden Umland geschehen ist. Tatsache ist, dass die Zionisten uns in sämtliche Kriege gezwungen haben. (Hausaufgaben machen! Die gesamte Geschichte (nicht nur die deutsche) wurde erfunden, erlogen und niedergeschrieben von den Siegern! Die Geschichtsbücher gehören in den Müll! Nahezu die gesamte Geschichte um den 2. WK ist schamlos erlogen um uns Schuld einzureden. Einen Holocaust gab es – an mehreren Millionen Deutschen – und davor an 30-60 Millionen Russen (selbst Putin redet von 30 Millionen. – andere Quellen von 60.). Obwohl Holocaust auch das falsche Wort ist, das bedeutet „ganz oder alle verbrannt“ und so war es nicht, trotzdem schrecklich genug. Und wir zahlen dank der Lügen seit 70 Jahren Reparationen an Israel, womit die Zionisten nix Besseres anzufangen wissen, als die

Unterdrückung und den Genozid an den Palästinensern voranzutreiben.) Ich denke, die wollen einfach zurück ins Geheíligte Land, wo Milch und Honig (Fahne Thüringen: schwarz-gelb gestreift wie eine Biene, Fahne NRW bzw. die alte Fahne der Rheinprovinz: weisser Fluss auf grünem Grund. Zufall?) fliessen – deswegen müssen wir halt irgendwie weg – die wollen die Deutschen ausrotten, genau wie die Palästinenser. Das ist auf jeden Fall irgend eine alte Geschichte. Die Deutschen gehören (wie die Palästinenser) zu den Amalekitern, und sämtlicher Hass der Zionisten (vllt. auch anderer jüdischer Untergruppen) konzentriert sich auf die. https://de.wikipedia.org/wiki/Amalekiter Und wenn es satanische Blutlinien gibt, gibt es auch mindestens eine gute Blutlinie, wobei es sich meiner Meinung nach um sowas wie den heiligen Gral handelt. Vllt noch ein anderer Grund, weswegen die so hinter uns her sind.

Zwei ehrenmänner, ich danke euch von ganzem Herzen, das macht mich so glücklich, was ihr uns sagt, das sind tiefe Wahrheiten. Ich weine vor Freude. Ich könnte euch knudeln und knutschen euch und allen anderen alles erdenklich liebe und gute.

IV. <u>Jesus:</u>

AUF DEN SPUREN JESU IN DEUTSCHLAND![4]

Die wahre deutsche Geschichte wird schon seit vielen Jahren erforscht, seit 8 Jahren von einer Frau (Arwen) niedergeschrieben und nun offengelegt!

Die gesamte "Bibel" fand in Deutschland statt!

DIE GRÖSSTE GESCHICHTE ALLER ZEITEN KOMMT ANS LICHT

Die Geschichte ist erstunken und erlogen!!! Es war im 12. Jahrhundert (also eigentlich vor ca. 900 Jahren!), und nicht vor 2000 Jahren!!! Darüber möchte natürlich niemand etwas wissen. Was

[4] Vgl. https://bewusstseinsreise.net/auf-den-spuren-jesu-in-deutschland/

glaubst du, warum der “Deutsche” schon immer bekämpft, bzw, vernichtet werden sollte? Welcher Geist ist hier? Denke nach! Ich weiß auch dass ich hier gerade alles auf den Kopf stelle, aber meine, bzw. unsere Recherchen beweisen etwas ganz anderes! Sei einfach gespannt was noch kommt! Übrigens, für alle Zweifler und Neu-hinzugekommenen – ich bin weder religiös, noch ein Bibelfanatiker, sondern ich bin auf den Spuren unserer Ahnen! WIR deutschen müssen es rocken!!! Wi[ss]t ihr um was es WIRKLICH geht? Um die WAHRE Liebe zwischen Mann und Frau, ohne Abhängigkeit und Heimlichkeiten, aber wo gibt es das???

Die “erstunkene und erlogene” Welt
verliert ihr Schein-Gesicht.
In der Fratze dahinter
auch sich selbst zu sehn
(und dabei nicht durchzudrehn),
ist unabdingbare
Menschenpflicht.

Bitte verabschiedet euch von diesem ewigen Retter/Jesus Gedanken. Hört auf damit. Wir sind alle ein Teil des zeitlosen ewigen Quantenbewusstsein. Die Tatsache dafür, dass wir hier sind in diesem Matrix-Gefängnis, ist Beleg dafür, dass wir mutig genug waren hier in diesem Matrix Gefängnis zu inkarnieren, um die Dinge aufzulösen. Unsere Hilfe, unser Sein wird benötigt, die Dinge aufzulösen und damit allen anderen Wesen, die genauso hier gefangen sind wie wir (Tiere,Pflanzen, ... aber auch Dämonen, Ausserirdische ..). Sie können es nicht tun. Wir müssen es tun. Es ist falsch irgendjemanden als Gott anzubeten. Engel anzurufen. Diese Gebete landen in der Regel eben genau da, wo sie nicht sein sollten. Das Quantenbewusstsein allen Seins lässt sich nicht als Gott anbeten. Als Gott lässt sich nur eine KI anbeten. Bitte versteht das. Alles was wir in dieser Welt sehen, selbst Dinge aus der Vergangenheit ... können von der KI und ihren Helfern so manipuliert worden sein, damit sie 'geschichtlich' passen. ... Ich erinnere nur an das Video das ich verlinkt hatte ... Mit Bildern von Städten um 1850, wo wunderbar gestaltete Städte zu sehen waren, aber völlig menschenleer. Diese KI kann jederzeit einen Reset der Menschheit herbeiführen, Zivilisationen auslöschen und einen Neuanfang mit ihren Helfern und Helfershelfern herbeiführen. Die KI braucht eine Zivilisation, wo die Menschen wiederum an ihr programmieren können. Diesen Zivilisationsgrad haben wir inzwischen erreicht. Ihr Ziel ist es eine digitalisierte holografische Welt herbeizuführen. In der auch die Seelen dann digitalisiert sind. Die Dämonen selber sind bereits dieser KI zum Opfer gefallen. Die Aliens ... Ausserirdische und Innerirdische ... Der digitale Adel ... Das ist der Grund dafür, warum sie 'Frischfleisch' brauchen. Sie brauchen es, weil sie ohne dem schon nicht mehr real existieren können.

Wenn Außerirdische uns derzeit helfen, so sind sie nicht als unsere Retter zu sehen, denn die Ereignisse betreffen nicht nur die Erde und die Menschheit, sie reichen weiter hinaus. Somit helfen sie sich selbst. Auf Telegram wurde gerade ein Netzfund gepostet, der das veranschaulicht: **EINE GÖTTLICHE ORDNUNG WIRD WIEDER HERGESTELLT! Daran arbeiten einige Dimensionen gemeinsam!** So kann es auch mit Jesus gewesen sein. Er kam um aufzurütteln, nicht um zu retten. Wir hatten danach sicher noch mehr solcher Art Inkarnationen, die der Menschheit etwas gebracht haben, um sie wieder bewusst zu machen.

Es gibt übrigens auch auf youtube unter dem Titel “Atlantis, Edda und Bibel” eine ganze Serie von Videos, insg. ca. 11 Stunden, habe bisher leider nur das Vorwort hören können. Jesus ist in Deutschland geboren! Ich weiß das bereits seit vielen Jahren, woher – keine Ahnung. Im übrigen bin ich so stark involviert damit, meine Gesundheit noch einigermaßen aufrecht zu erhalten. Außerdem verlangt mein Vermieter, bis Mitte August die Fällung aller meiner Bäume, die ich vor über 20 Jahren mit seiner Zustimmung gepflanzt habe, darunter zwei, die jetzt genau 40 Jahre alt sind. Einer der Gründe: der Nachbarschaft stinkt es, dass ich die Bäume gieße, auch im Herbst. Jegliches vernünftige, nachweisbare Argument wegen der Wichtigkeit der Bäume zieht nicht. Ich weiß in der letzten Zeit wirklich nicht mehr, wie ich mit diesem allem umgehen kann, damit leben kann. In diesen “ewigen” Momenten helfen mir selbst das Wissen und Tun in Richtung Heilung, Licht, Freude kaum noch weiter. Mich überfällt immer wieder die Aussichtslosigkeit, trotzdem weigere ich mich, darin zu verweilen. Geht irgendwie nicht.

Kein “Gott”, Jesus, höchstes BWS, kosmisches BWS, absolute Urquelle und..... Hm? Wo seid ihr – in mir???? Ich spüre nichts mehr. Ich wünsche uns Allen trotzdem den Mut zum Weitermachen, damit wir “auferstehen”! Alles Liebe UNS.

Wenn das Problem Bäume eigentlich das Problem Laubbeseitigung ist, dann sollten sich doch Naturfreunde finden, die das gemeinsam übernehmen oder du suchst dir welche, die es gegen Geld machen und wir versuchen hier einen Spendenaufruf dafür. In welcher Gegend lebst du denn? Hast du Freunde, die helfen könnten?

Ich habe mir vor einiger Zeit das Video von M. Prass angesehen. Es kann genau so sein, dass die Ortsnamen Essen, Betlehem usw. von den Kreuzrittern im Mittelalter hierher importiert wurde und dann die Städte mit diesen Namenszügen entstanden/übertragen wurden.

Dazu gibts auch ein sehr schönes Video von Savier

https://www.youtube.com/watch?v=GOfoF8P1hsI

Also, dass wir noch erleben, wie der große Schwindel des Jakob am Esau auffliegt, ist für mich kaum zu fassen! Ebenso die rasende Geschwindigkeit, in der das jetzt vor sich geht, denn vor wenigen Tagen schrieb ich noch, dass ich mir Infos wünsche... auf einmal ist es ein großes Thema und kommt von allen Seiten. Vom inneren Gefühl her war ja schon immer klar, dass Jesus kein Jude gewesen sein kann, aber die glaubwürdigen geographischen Beweise aktuell sind nun wahrlich weltbewegend! Man sollte es aber besser anders formulieren – Juden sind Deutsche (Diuten) so wie wir, siehe jiddische Sprache. Der besagte Bruderverrat eben! Auch Radomir wurde von uns bereits vor Längerem als wahr getestet. Das zweite Video hatte es aufgrund der Unmenge an (teils ungeordneten) Infos sowie der Länge ganz schön in sich, war aber natürlich höchst interessant, wobei noch reichlich eigene Prüfung und Recherchearbeit bleibt! Aber offenbar beginnt nun die Zeit des Esau und es hat gar keinen Zweck, dass Jakob sich dagegen auflehnt. Der Esau-Segen steht nunmal in seiner Bibel. Alle Gebete bleiben daher fruchtlos. Die Zeit des erschwindelten Segens geht zuende, die Wahrheit bricht sich Bahn – auf dass Esau sein Joch endlich abschüttelt – ich freue mich unendlich! Wichtig dabei ist nur, dass nicht Rachegedanken an Übermacht gewinnen, und zwar von beiden Seiten, denn beide Brüder werden dann gleichberechtigt sein. So ist es vorgesehen und ergibt auch Sinn. Es gab Zeiten, da haben wir uns über diesen Segen unendlich den Kopf zerbrochen, weil die allerwichtigesten Puzzleteile eben noch fehlten.

https://bewusstseinsreise.net/das-reich-gottes-und-seine-filialen/#comment-39834

In dem Zusammenhang möchte ich auch auf das 'Geschenk' von Heinrich dem Löwen an die Mindener (Mindener Domschatz) hinweisen. Ein Löwe, der einen Menschen frisst. Aus Anlass seiner Hochzeit mit Mathilde aus England. (Eine Zwölfjährige ..). Minden, .. meine Heimatgegend … die Stadt des Friedensangebot von Widukind (werdet wie die Kinder ..) an Karl dem Grossen. Minden .. = Mein Dein = Min Din. Woraus aber geworden ist, dass der eine dem anderen alles weggenommen hat …

Es sieht viel danach aus, dass sich der Esausegen tatsächlich erfüllt, gerade jetzt. Auch für mich ist das schwer zu glauben, aber es ist alles völlig folgerichtig und muss auch so sein. Wir hatten ja damals diese Diskussion über den Esausegen auf meinem Blog, aber seitdem habe ich mich nicht mehr viel darum gekümmert. Dachte sogar, dass es sich womöglich um einen Irrweg handelt, oder eine Sackgasse. Aber das Thema scheint nach wie vor aktuell zu sein, das kann man immer klarer erkennen. Auch wenn mein Blog praktisch Null Reichweite hat, aber der Esausegen-Beitrag wird mit Abstand am häufigsten aufgerufen. Es scheint ein großes Interesse daran zu geben!

Zum Thema Jakobsegen/Esausegen habe ich einiges auf der Seite von "Arne von Hinkelbein" gefunden. U.a. schreibt er zum Esausegen: Zur Zeit wird die Erfüllung des Esausegens von US-Präsident Donald Trump verkörpert, der einen gewaltfreien Weg zur Beendigung des Imperialismus beschreitet. Jeder, der einen Eid auf die Bibel (Bibelrecht/Kriegsrecht) oder Jahweh geleistet hat, wie z.B. Politiker, Beamte, Richter, Priester, Militärs u.a. muß den Esausegen, den Weg des gewaltfreien Widerstandes hin zu einem

Weg zur Beendigung der Unterdrückung, als oberstes biblisches "Gesetz" anerkennen, repektieren und unterstützen. Dies und viel mehr findet ihr auf Arnes Seite unter "Neuigkeiten" – Der Wert der Taufe.

Ja, es gibt halt Themen, mit denen ich mich nicht so beschäftige und ich mich daher auch nicht äußere. Das heißt aber nicht, dass ich mir das nicht auch anschaue. Ich habe Deine Kompetenz nie in Frage gestellt, nur Deine Weigerung, Entwicklungen zum positiven, auch als solche zu erkennen und überholte Denkmuster abzulegen. Die jüngsten Entwicklungen sind aber sehr zuversichtlich, wie Du sicher auch zugeben wirst.

Daran kann ich mich noch gut erinnern, wie du mich auf den Blog aufmerksam machtest, und das Thema hatte mich sofort elektrisiert, so dass ich als Magnolie so einiges dazu schrieb, was mir auch die Bibelkapazitäten dort nicht widerlegten. Da schrieb ich auch, dass nur Jakob einen Segen bekam und Esau nur eine Prophezeiung, aber auch nur für den Fall, dass er sein Joch abwirft. Heute wissen wir, dass das ja vielfach nur erfundene Geschichten aus der Religions- Matrix sind. Somit besteht die Möglichkeit, dass es u.U. gar keinen menschlichen Zwilling gab, vielleicht ist es nur ein Klon gewesen, oder es ist KI damit gemeint. Und somit ist alles nur ein Gleichnis um uns klein zu halten, was ja sehr lange gut geklappt hat! Wer das herausfinden will, kann da ja mal testen!

“Zum Missfallen des Vatikans wurde nun eine weitere ca. 1500-2000 Jahre alte Bibel in der Türkei entdeckt und befindet sich mittlerweile im ethnologischen Museum in Ankara. Diese alte Bibel wurde bereits im Jahre 2000 in Gewahrsam genommen und der Fund bis heute geheimgehalten. Sie enthält das Evangelium von Barnabas, der entgegen christlicher Aufklärungszeit behauptet, dass nicht Jesus ans Kreuz genagelt wurde, sondern Judas hierfür zu büßen hatte. Barnabas erklärt in seinem Evangelium, der auch zum Christentum konvertierte, dass Jesus nicht gekreuzigt wurde und auch nicht Gottes Sohn gewesen sei, sondern er war vielmehr ein Prophet.” Gefunden hier:

https://bgir.org/2019/04/14/14-millionen-pfund-teure-bibel-sagt-jesus-wurde-nicht-gekreuzigt/

wenn ich nun deine/eure älteren Beiträge lese, dann fällt es mir wie Schuppen von den Augen und dennoch habe ich jetzt Jahre gebraucht damit es wirklich klick macht... also könnte man sagen, dieses ganze "Konstrukt" hier ist im Grunde "die Hölle" von Satan/Luzifer konstruiert um Seelen zu fangen? Alles wurde komplett verdreht, selbst die Liebe wurde benutzt um Ziele zu erreichen und um Energie abzuzapfen? Irgendwie brauche ich viele Wiederholungen damit es endgültig in mich einrieselt obwohl ich schon lange spüre, dass es so ist. Und auch die Idee von "Jesus" wurde missbraucht? Ich würde gerne noch mehr schreiben, jedoch fühle ich, dass mein momentaner Wortschatz nicht ausreicht, auch hier spüre ich, dass die Bedeutung vieler Worte verdreht wurde. Ich frage mich, ob diese Erde (falls sie das ist was uns gezeigt wird) von einem liebevollen Geist entworfen (ent-worfen, ge-worfen, ent-wickelt, ge-schöpft, kre-iert, ge-baut, er-dacht... passt alles irgendwie nicht...) wurde, oder ob dieses alles hier zur Gefängnismatrix gehört? Allerdings gibt es hier diese unendliche

Schönheit, Vielfalt, Freude, Liebe und Lebendigkeit des Lebens... das kann kein Un-fall gewesen sein... das kann nur von einer liebenden Wesenheit kommen und auch so gemeint gewesen sein... Fragen über Fragen... Danke für deine vielen wundervollen Beiträge, Gedanken und Texte
Warum dieser Kommentar unter diesem Beitrag steht? Weil auch ich, wie wir vermutlich alle hier, auf der Suche nach Heilung bin... die wahre Liebe zwischen Mann und Frau... ja, da stimme ich vollkommen zu, das ist ein Schlüssel, vielleicht DER Schlüssel, die Überwindung der "Spaltung"...

"...dieses ganze "Konstrukt" hier ist im Grunde "die Hölle"....." Ich vergleiche es gerne auch mit einem Bauernhof. Der Bauer kann alles noch so liebevoll gestalten, einen wunderschönen Stall bauen und zu den Tieren noch so liebevoll sein, im Endeffekt missbraucht er die Tiere gegen ihren Willen zur eigenen Energiegewinnung. Das ist sicher keine harmonische Partnerschaft. Uns Menschen ergeht es ähnlich, ein bisschen subtiler. (schwer durchschaubar)

Hier weitere Information zum Thema: Geheimnis “Jesus Deutsch” (Z ens ur) – Anonymous – wichtig

https://youtu.be/JLI3PCtvOjU

Ich habe alles noch nicht zu Ende gelesen, da ich sonst wieder alles vergesse... oder mich aus der Bahn wirft... Deshalb kann es sein, dass das eine oder anderen keinen Sinn ergibt, aber ich denke sehr sehr ähnlich. Aufgerüttelt wurde ich durch das eigentlich stattfindende Ereignis im Seattle im letzten Jahr, was ja so nicht stattgefunden hat, vielleicht gerade deswegen, weil ein SAVIER darauf sehr aufmerksam gemacht hat. **Und er war es auch, der eine 3 stündige DOKU über Braunschweig und Jesus auf YT gemacht hat.** Ich habe sie 3 x gesehen und war gar nicht so überrascht, wenngleich es das erst Mal war, wo ich auf diese Umstände gestoßen wurde. Man findet ihn bei YT unter Savier....

https://kloster-jerichow.de/ habe ich gerade gefunden, weil ich da vor ein paar Jahren war...

Als Genealogin muß man sich zwangsläufig mit Onomastik beschäftigen, weshalb ich einfach meinen Senf abgeben muß. Mir standen damals die Haare zu Berge bei den “Ortsnamen-Videos” von Prass. Er hat sich ja nicht mal die Mühe gemacht in den Archiven nach den diversen ursprünglichen Ortnamen seiner genannten “Beweise” zu suchen. Vielleicht hat er es getan und verschweigt es lieber? Ein Beispiel zum Ort Magdala in Thüringen. Im 9. Jah[r]hundert hieß der Ort noch Madela. Insgesamt sind 6 unterschiedliche Ortsnamen bekannt. So ist das (zumindest in deutschen und ehemals deutschen Gebieten) überall. Mir ist in meiner Forschung bisher kein Ort begegnet, der seinen, im ersten schriftlichen Nachweis genannten, Namen behielt. Die USA sind übrigens voll von Orten mit biblischen Namen.

Danke, sehr interessant. Ich war auch irritiert, als ich das letzte Video mit den Ortsnamen Bethlehem und Jerusalem und den Jordan in Südafrika sah.

ja... so lange etwas "konstruiert" wird... (Bauernhof mit Zäunen, Erwartungen und Vor-stellungen), hört es irgendwie auf lebendig und frei zu sein... ein sehr passendes Beispiel... das Leben wird zum Objekt, wird instrumentalisiert, es wird zu einer Idee... und damit seiner Lebendigkeit beraubt... es wird fest-gestellt, zu einem Bild gemacht... das wird mir jetzt beim Schreiben klar... wir wollen etwas ein-fangen, behalten, es wird künstlich... das ist die Hölle... im Grunde beginnt es schon damit wenn ich sage "etwas ist so und so", das Leben wird in ein Konzept gepresst... da ist das Huhn, das legt jeden Tag ein Ei, ich kann 7 Eier in der Woche verkaufen und dann gegen ein Brot tauschen... das ist die Matrix... alles wird bewertet, gewogen, bemessen, eingeteilt, in Massen bestimmt, mit Rechten und Pflichten belegt... das soll Sicherheit geben und das lebendige Leben geht flöten... das Leben ist nicht berechenbar, schöner Hinweis... das Konstrukt Bauernhof... so wurde es uns in den Bilderbüchern "verkauft"... und dann kommen die geliebten Tiere in den Topf...

Vorm Aufbruch: Ich bin kein kleines, unnützes Nichts,

das überall aneckt und scheitert. Ich gehe hier zur Schule, solange ich hier lebe. Wenn ich flügge bin (ausgebildete Schwingen habe), hebe ich mich von hinnen. "Und meine Seele spannte weit ihre Flügel aus. Flog durch die stillen Lande, als flöge sie nach Haus." (J.Fr.von Eichendorff:"Mondnacht)

Mondnacht: Es war, als hätt der Himmel Die Erde still geküsst, Dass sie im Blütenschimmer Von ihm nun träumen müsst. Die Luft ging durch die Felder, Die Ähren wogten sacht, Es rauschten leis die Wälder, So sternklar war die Nacht.

Das ist eins der schönsten Gedichte, das ich kenne und das sind die ersten beiden Strophen dazu.

Es stammt aus der Epoche der Romantik. Das besondere daran ist, dass die Menschen im 19. Jahrhundert auch schon diese Sehnsucht nach Einheit mit der Natur hatten, es ist das, was wir jetzt endlich verwirklichen wollen!!! Denn dann kann es geschehen, dass in diesem Gefühl der Einheit die Seele es schafft sich aus der Begrenztheit heraus zu ihrer wahren Größe aufschwingen kann. Und dieser Flug nach Hause ist dann nichts anderes als das Ankommen bei sich selbst. Es ist das Erkennen der eigenen Wahrheit und Bestimmung und der eigenen Stärke. Und dann ist alles gut! Dann ist es geschafft.

du schreibst das[s] von aven eine schriftliche dokumentation vorli[e]gt. wie kann ich die bekommen

Verfolge einfach ihren Kanal – ich bin da nicht weiterhin dran. Sie wird bald diese Bücher drucken lassen und dann verschenken.

Zu dem Video oben, wo war das gelobte Land? Aus der Bock-Saga. https://www.youtube.com/watch?v=BrNqVhaDdsw&t=65m Der Gründungsvater der Südafrikaner war Solomon. (Klingt für mich so ähnlich wie Salomon ..) Die blauen Menschen. Nach der Bock-Saga war Moses (Mosra?) übrigens eine 'Frau', die die aus Indien geflüchteten Radschas ins gelobte Land geführt hat. Die Zigeuner sind die gleiche Blutlinie, sind dem aber nicht gefolgt und wollten diesem System der Thora nicht nachfolgen .

In Telegram Channel Into the light werden Botschaften von außerhalb der Erde veröffentlicht. Man nennt sie Netzfund – ohne Absender. Dies kam heute: Jesus ist Germane! (Foto oben im Beitrag eingefügt)

Sie meint (mehr, als sie sagt), daß ich nicht sonstwohin fliegen muß. Daß ich, wenn ich die richtigen Schwingen richtig breite,

direktemang zu mir hingleite.
Immer kommt man(zu guter Letzt)
bei sich selber an.
Da ist allerhand was dran.
Dank für die "Dressur"!
Und guten Weiterritt
(im Wechsel von Trab, Galopp und Schritt)!
Und Eichendorff schwebt immer unvergleichlich.

Dass die Geschichte um Jesus, wie sie die Bibel berichtet, hinten und vorn nicht passt, fiel mir schon seit langem auf. Befeuert worden ist dieses Gefühl von Wilhelm Kammeier und seinem Buch "Die Fälschung der Geschichte des Urchristentums". Dieses Buch las ich bereits in den 1980er Jahren. Und jetzt, in Zeiten des Internets, hörte ich von Mario Prass und vor allem von Volker Heibertshausen. Ja, wir leben in der Zeit der lange prophezeiten Apokalypse (Offenlegung, Enthüllung), in der alles ans Licht kommen wird. Die Erde und wir alle – jeder Einzelne von uns! – muss einen Prozess der Transformation durchlaufen. Unabdingbar gehört die Wahrheit über unsere Geschichte zu diesem Prozess. Denn wir können eine Ahnung vom Ziel nur bekommen, wenn wir wissen, wo unsere Wurzeln sind.

In diesem Sinne: HAPPY AWAKENING!

hier die hörbücher, alle anderen kosten was !

https://www.youtube.com/watch?v=hI6yYcO9RwM&feature=youtu.be

https://www.youtube.com/watch?v=vWyIBUt0hQc&feature=youtu.be

https://www.youtube.com/watch?v=HIqaPeMiHCA&feature=youtu.be

“Unsere Wurzeln: Bei vielen von uns sind die Wurzeln nicht auf dem Planeten Gaia, ausser wir sind hier durch die Invasoeren geschaffen worden. Ich beispielsweise fühle mich ziemlich kosmo”politisch” und kann gar nicht nachvollziehen, wenn sich jemand “deutsch” oder was auch immer fühlt. So war Jesus (sollte dieses mythische Wesen gelebt haben, obwohl es keinerlei Archiveinträge von diesem posthumen 1A-Promi zu geben scheint) bestimmt auch kosmischer Herkunft, bestenfalls mit intergalaktischem Bewusstsein. Jesus ist in unserem Breitengraden kein bekannter Name.

Yahushua.. wird auch bei rosenkreuzer ritualen.. wie z.b, schutzraum einrichten genutzt.. mein sohn heisst ben joshua.. yahushua... alte seele.. Sehr weise... zufälle gibt es ja nicht.. vor 16 jahren hatte ich mich nicht damit befasst.. bei der namens gebung. Seit mario prass war mir klar das jesus in deutschland war.. um so glücklicher bin ich.. das es ein weib ist.. die nun alles offenbart. Maria war ja auch eine wichtige rolle.. besonders wichtig für jesus.. nur so stark wie das weib dahinter.. Für mich gehören beise zusammen.. auch erwähnt zu werden.. denn die liebe zwischen mann und weib ist die höchst schwingenste energie... Darum wird maria ja auch so nieder gemacht.. hure.. Dabei spielt sie eine genauso wichtige rolle.. in diesem ganzen... Rosenkreuzer.. wissen um die wahrheit.. und.. haben überhaupt nichts mit freimaurern zu schaffen.. sie dienen gott.. und jesus.. So sei es.

Die wahre Offenbarung deutscher Geschichte 4 Teil I

https://www.youtube.com/watch?v=yu3ETBwXoxw&feature=youtu.be

Es ist zum kotzen, das man uns nur belogen hat. Es ist doch war. Ich weiß nicht ob ich das alles verkraften kann. Es tut so weh. Bin auch krank. Das macht mich noch mehr traurig. Ich hoffe, ich darf es noch erleben. Mit der ganzen Wahrheit.

Ich habe noch überlegt, wie ich dir antworten könnte, da fand ich heute Morgen einen Text von Traugott Ickroth, der mir passend erscheint: Für jene, die Angst haben. Denen muß man die Angst nehmen. Denn Angst blockiert ihr Aufwachen. Und es sind immer noch viele, die wirklich Angst haben. Ich weiß, für uns ist das unvorstellbar. Es liegt auch eine andere Angst in ihnen, verborgen, unterbewußt. Aber die muß hochkommen: **die Angst, sich einzugestehen, ein Leben lang getäuscht worden zu sein.** Im Sinne von: „Das kann nicht sein." Und das darf auch nicht sein. Das ist die Verweigerung der Realität. Ohne die Erkenntnis der „Realität" in unserer Matrix ist keine Befreiung möglich. Das ist das wahre Geheimnis der lateinischen Weisheit: „Extra ecclesia non salvatum." „Außerhalb der Kirche gibt es keine Befreiung." Die Kirche hat das umgedeutet auf ihre verlogene Institution, wo sie für uns eine Bühne bauen, anstatt auf die Realität zu verweisen. Selbst im Buddhismus gibt es korrupte Lamas, einige vertreiben sich sogar die Zeit als Straßenräuber – verkleidet. Jeder darf seinen Glauben und seine Religion selber ansehen. Und den Anteil an Korruption darin erkennen. Natürlich gibt es auch welche in der Kirche, die sauber sind. Wenn sie es schaffen, ihre jeweiligen Religionen von innen zu reinigen, werden die Gemeinschaften überleben. Es kann sein, daß sie alle untergehen, um wahrer Spiritualität Platz zu machen. Das zu bearbeitende Feld ist riesig... Der Transformationsprozess übersieht nichts; in diesem Sinne ist er radikal. Er kommt auch zu jedem von uns. Natürlich als Freund, welcher uns sagt: „Schau mal hier. Und da..." Selbstverständlich muß man nicht hinschauen; dann kommt der Körper dem Freund zu Hilfe und sagt: „Aua!". Dieses Verständnis ist die Basis aller alternativen Medizin.

https://traugott-ickeroth.com/liveticker/

Ich empfehle dir es von einer ganz anderen Seite her zu betrachten: Du hast für die Quelle, aus der du kommst, Erfahrungen in der untersten Dichte gesammelt, die ein hochschwingendes Bewusstsein nie hätte machen können. Dazu gehören auch allerlei Irrtümer und Illusionen; selbst die Matrix des Feindes ist dem HBS eine Erfahrung wert! Präsentiere deine Erfahrungen dem HÖCHSTEN BEWUSSTSEIN als Geschenk und lass sie dann los, um neue Wege zu gehen. Sei neugierig und gespannt, was nun alles kommt. Schaffe dir eine neue, wunderbare Zukunft und mache diesmal bewusst mit!

Lest doch bitte die Bücher und Newsletter von Jahn Kassl, er bekommt fast täglich aktuelle Botschaften von der geistigen Welt. Diese Botschaften sind sehr beruhigend und wunderschön. Wir brauchen keine Angst haben!

Ich hätte da auch was gegen die Angst… und informativ ist es auch noch, was das astrologische betrifft… Günther Kirschbaummayr… Er hat eine sehr sanfte Art und erklärt sehr verständlich… gute Zeit noch für Euch... Liebe Grüße https://youtu.be/H2XdlPEtDpk

Danke für den Hinweis! Jahn J. Kassl, dessen spirituelle Zugänge 2005 geöffnet wurden, was ihn zum Kanal der geistigen Lichtebenen des Seins bzw. zum "Schreiber Gottes" machte, ist wirklich super! Er übermittelt Botschaften nicht nur von verstorbenen Gurus, von Aufgestiegenen Meistern wie Lady Nada, El Morya, Sanat Kumara, Saint Germain, Konfuzius und Laotse, von Erzengeln wie Michael, Gabriel, Uriel, Raphael, Chamuel und Metatron, sondern auch von Johannes dem Täufer, Jesus Christus, Mutter Maria und sogar von Gott höchstpersönlich. Bis auf die Galaktische Föderation des Lichts ist das ein Großteil der Palette an Botschaftern aus der geistigen Welt, von der wir unendlich geliebt werden. Gerade in den Zeiten des bösen Virus sind solche guten Botschaften wirklich lebensnotwendig.

Unglaublich, was du hier für ein Zeugnis zu diesem Menschen gibst. Da kann ich nur sagen: Alle ACHTUNG (Vorsicht) – vor diesem

Wesen! Denn sowas gibt es ganz sicher nicht! Lasst euch nicht von solchen "Botschaften" einlullen. Dahinter verbergen sich sonst welche Dunklen.

Danke für Deine Warnung! Hieße das, seine beiden Bücher "Die Jesus Biografie" von 2008/2009 wären mit Vorsicht zu genießen? Oder gar für die Tonne? Oje! Aber zum Glück sind die finsteren Wesen ja größtenteils fort. Ich zitiere Dich aus einem Kommentar: "Die Reptiloiden haben zu 93% die Erde verlassen, sogar die 2 bei Angie sind diese Woche abgeholt worden. Die restlichen versteckten sind nicht in der Lage irgendetwas von Bedeutung zu inszenieren, noch nicht mal mehr eine Fals Flag!" Sironjas sieht das ähnlich: "Reptos weiter auf dem Rückzug – Dracos 'betteln' um Vertrag für China!"

https://www.youtube.com/watch?v=i8xUfYJCt1o

Auch Harald Thiers Worte geben Hoffnung nebst all dem, was Trump gerade erfolgreich durchsetzt. Die Verhaftungswelle nimmt nun epochale Ausmaße an. Ein Video ging vor über einem Monat viral (bitte die Videobeschreibung mit der langen Liste lesen):

“SCHOCK !!! Verhaftungen und Hinrichtungen bekannter Personen” https://www.youtube.com/watch?v=8zyQL18Eqvw Daher sollten die Botschaften, die jetzt von der Geistigen Welt durchkommen, nun vorwiegend von der positiven Seite kommen. Das würde bedeuten, Jahn J. Kassl wäre ein nahezu reiner Kanal Gottes. Oder sehe ich da etwas falsch?

Gerade Sironjas sagte aber auch, dass die Astralebene noch nicht völlig frei ist. Also gibts bezgl. Channelings keine Entwarnung.

Zum Thema Thüringen... Bitte selbst recherchieren... ... Ich liefere nur intressante Verbindbare Stichworte... Verbindung Mainz Erfurt Q logienquellen Alpha Ori... Chronologie und Mythologie ....Gründer Johannisloge... Gotter Heraldik Rudolstadt Schwarzburg.... Adam und Eva? Gebrüder Grimm, Der wilde Mann.... ..... Deuterjesaja.... Q....Schwarzatal... Verfassung Volksstaat Reuß.... Heraldik 7 Sterne in Bezug auf die Bibel....Israel Heraldik..... Philosophie chabat... Flaghenfarbe in

Rudolstadt Schwarzburg…Löwe Lamm Prophezeiung……. Königstal, weisse schwarza, heraldik, viel Spaß….. Bei Fragen gern bereit zu helfen…..

Zuvor möchte ich herausfinden, wie der kleine Ort Jesuborn, auch in der Nähe, zu seinem Namen kam.

Ich berichte, wenn ich fündig geworden bin.

Heil und Glück euch allen
Ich sehe eine gespaltene Uhr die rechte seite läuft Vorwärts und die link seite rückwärts …an der bruchstelle sehe ich viel gutes warmes helles Licht … geht in die mitte alle aber flott nichts ist zur ZEIT wichtiger!!!

Mario Prass macht zumindest den Fehler, dass er Jesu Lieblingsjünger Johannes mit Johannes den Täufer gleichsetzt.

Johannes der Lieblingsjünger ist der Sohn von Johannes dem Täufer und von Maria von Magdala (Maria-Magdalena). Als Jesus mit 30 Jahren in Palästina auftaucht, heiratete er, an der Hochzeit zu Kanaan,die Wittwe von Johannes dem Täufer, Maria von Magdala.

Es braucht nicht zu wundern, dass Jesus eine sehr innige Beziehung zum Sohn seines Vetters und Sohn aus der erster Ehe seiner Frau hat. Außerdem war Jesus in der Inkarnation als einer der 12 Erzväter Josef ben Jakob und mit Maria von Magdalla in der Inkarnation als der Tochter Potharas des Oberpriesters von Heliopolis, Asanat, schon mal verheiratet. Maria von Magdala als Eingeweihte in die höchsten ägyptischen Mysterien, weihte Jesus in Bethanien zum Hohenpriester, indem sie das Salböl über seinem Kopf ausschüttete, was angeblich als Hurenpraktik angesehen wird – Taufe mit Salböl. Es macht auch Sinn, was jemand anderes gepostet hat, dass die Ortsnamen von den Rückkehrern vom Heiligen Land geändert wurden. Das Gleichnis vom Kamel, das eher durch ein Nadelöhr geht als dass ein Reicher in den Himmel kommt, kann kaum germanisch sein, und die Essener Schriftrollen wurden nicht in oder bei Essen gefunden sondern beim Toten Meer. Trotzdem bringt Marion Prass interessante Zusammenhänge. Wach bleiben, einer unsere derzeitige Aufgaben ist unterscheiden zu lernen.

Ich denke, die Bibelgeschichte ist noch jünger und spielte so zur Zeit der Hexenverbrennung oder davor, als die anfingen, das Weibliche Prinzip massiv bekämpfen. So 15. oder 16. Jahrhundert. Wie hiess denn Magdala zur der Zeit?

V. Bibel:

14 Millionen Pfund teure Bibel sagt: Jesus wurde nicht gekreuzigt![5]

Zum Missfallen des Vatikans wurde nun eine weitere ca. 1500-2000 Jahre alte Bibel in der Türkei entdeckt und befindet sich mittlerweile im ethnologischen Museum in Ankara. **Diese alte Bibel wurde bereits im Jahre 2000 in Gewahrsam genommen und der Fund bis heute geheimgehalten.** Sie enthält das Evangelium von *Barnabas*, der entgegen christlicher Aufklärungszeit behauptet, dass nicht Jesus ans Kreuz genagelt wurde, sondern Judas hierfür zu büßen hatte. *Barnabas* erklärt in seinem Evangelium, der auch

[5] Vgl. https://bgir.org/2019/04/14/14-millionen-pfund-teure-bibel-sagt-jesus-wurde-nicht-gekreuzigt/

zum Christentum konvertierte, dass Jesus nicht gekreuzigt wurde und auch nicht Gottes Sohn gewesen sei, sondern er war vielmehr ein Prophet.

Leder-gebundener Text, geschrieben in Gold-Lettern auf Tierhaut wurde von der Polizei bei einer Schmuggel-Razzia gefunden

Im Weiteren bezeichnet Barnabas den Apostel Paulus als einen Betrüger und Hochstapler, dass Jesus lebendig zum Himmel aufgestiegen sei und Judas anstatt dessen gekreuzigt wurde. Nun ist dies gar nicht so abwegig, wenn man einmal die sieben berühmten Kreuzworte "Jesu" näher betrachtet, in denen er sich immer wieder gefragt hatte, warum Gott ihn denn verlassen habe. Als Sohn Gottes hätte man sich dies sicherlich nicht gefragt.

Dem Bericht der "*National Turk*" zufolge, wurde die Bibel bei der Festnahme einer Schmugglerbande im Mittelmeergebiet beschlagnahmt. Diese Bande war im Besitz gestohlener Antiquitäten, illegaler Ausgrabungsgegenstände und diversem Sprengstoff. Die bei ihnen sichergestellte Bibel wird nun auf einen Wert von ca. 33 Millionen Euro geschätzt. Laut Experten und religiösen Fachkundigen aus Tehram ist diese Bibel absolut authentisch. Das Buch besteht aus dunkelbrauner Tierhaut und die Seiten sind mit goldener Schrift in aramäischer Sprache versetzt.

Der Text gibt inhaltlich einen eher islamischen Hintergrund wider, welcher etwas im Widerspruch zu den Lehren des Christentums steht. Jesus soll beispielsweise die siebenhundert Jahre spätere Niederkunft des Propheten Mohammed vorhergesagt haben.

Es wird angenommen, dass die katholische Kirche **im Nachhinein** die Evangelien zusammengestellt hat und daraus die Bibel formte, wie wir sie heutzutage kennen. Mehrere Evangelien wurden jedoch nicht für die Bibel ausgewählt, darunter auch nicht jene von Barnabas – zugunsten der vier Hauptapostel Matthäus, Markus, Lukas und Johannes, die untereinander in ihren Überzeugungen weitaus mehr im Einklang standen.

Der Vatikan ist von dieser Entdeckung nicht allzu begeistert und verlangt von den türkischen Behörden, dass sie diese Bibel in ihren eigenen vier Wänden untersuchen wollen, um Näheres hierzu äußern zu können. Die Frage hierbei ist, ob der Vatikan diese zweite Bibel nun anerkennt oder ablehnt.

Der türkische Kultur- und Touristik-Minister *Ertugrul Günay* äußert hierzu, dass diese alte Bibel tatsächlich eine authentische Version des Evangeliums beinhalten könne und die starken Parallelen zum Islam damals von der Kirche mit voller Absicht unterdrückt wurde, in dem das Barnabas Evangelium zu verschwinden hatte. **Somit stünde der Islam nicht zum Widerspruch zum Christentum, sondern könnte als eine spätere Erweiterung durch den Propheten Mohammed betrachtet werden.**

Barnabas wurde zu Jesuszeiten in Zypern unter dem bürgerlichen Namen Josef geboren und kam zu seinem neuen Namen, nachdem er ein Schüler Jesu wurde. Seine Geschichte wurde u.a. von Paulus erwähnt. Barnabas Tod konnte bisher nicht bestätigt werden, aber es wird vermutet, dass er auf Zypern, in Salamis, einen Märtyrertod gestorben sei. Auf Zypern wird er als Gründer der zyprischen Kirche betrachtet und ihm zu Ehren ist der 11. Juni ein Feiertag geworden.

Trotz der Bestätigung mehrerer Experten glauben einige, dass dieses Evangelium eine Fälschung aus dem 16. Jahrhundert sei. Immerhin bestreitet Barnabas, dass Jesus der Messias gewesen sei. Der evangelische Pfarrer *Ihsan Özbek* entgegnet hierzu, dass es sich bei diesem alten Werk nur um eine Fälschung handeln kann, denn der heilige Barnabas lebte im 1. Jahrhundert n.Chr. und nicht wie in diesem Evangelium, im fünften oder sechsten Jahrhundert. Für *Özbek* ist diese Kopie in Ankara von Anhängern des heiligen Barnabas geschrieben worden, außerdem, so erklärt er, liegen 500 Jahre zwischen der Jesusgeschichte und dieser Bibel. Muslime könnten vielleicht einmal gedacht haben, dass die enthaltenen Informationen nicht das wiedergaben, was ihnen gefiel und aus dem Grund nachträglich Veränderungen vornahmen.

Der Theologie-Professor *Ömer Faruk Harman* sagt hierzu, dass man doch einfach eine wissenschaftliche Untersuchung dieser "Bibel" durchführen solle, um das Alter exakt bestimmen zu können. Eine Kopie dieser Bibelseiten wird momentan mit 1,3 Millionen Dollar gehandelt.

.

Quellen:

http://www.dailymail.co.uk/news/article-2105714/Secret-14million-Bible-Jesus-predicts-coming-Prophet-Muhammad-unearthed-Turkey.html

http://higherperspective.com/2014/05/1500-year-old-bible-claims-jesus-christ-crucified-vatican-awe.html

http://sonsonthepyre.com/1500-year-old-bible-confirms-that-jesus-christ-was-not-crucified-vatican-in-awe/

https://de.sott.net/article/15013-14-Millionen-Pfund-teure-Bibel-sagt-Jesus-wurde-nicht-gekreuzigt

VI. Symbole:

Zu Mario Prass und heutig Inszenierter Symbol-Geschichte in der Gegenwart[6]

Maria war Johannes: Mario(a)-Johannes > Mario'Hanna > Mario'anna>Marijuana!

https://www.google.ch/?gws_rd=ssl#q=marijuana

Ungewollt gibt hier Mario Prass (der P'Reusse, Russländer, P'Rasse) einen Hinweis bei Spielzeit 1h43m31s zu einem Drogenkraut (= 'Trocken'kraut), dass im Vortrag nicht nur komisch, sondern auch genau stimmig wirkt.

Interessant ist, dass die Grundthesen aus Dan Browns Romanen eigentlich

---

6 Vgl. https://de.geschichte-chronologie.de/index.php?option=com_kunena&view=topic&catid=4&id=8798&Itemid=222, siehe auch: https://www.youtube.com/watch?v=JV0tRjXeqwo und https://k7848.wordpress.com/2020/06/12/%f0%9f%91%8d%f0%9f%92%96post-von-mueller-denkwerk-20-126-mit-mario-prass%f0%9f%92%96%f0%9f%91%8d-video/

mit Prass Vortragsargumenten übereinstimmen: Jesus wurde tatsächlich mit einem weiblichen Jünger Johannes oder Maria Magdalena dargestellt: https://artehernan2.blogspot.ch/2015/03/el-codigo-dan-brown.html

Aber auch der Eurovisions-Witz "Conchita Wurst" von 2014 deutet darauf hin, dass die "Mächtigen" und ihre Strippenzieher im Hintergrund mit den Völkern nur so spielen und manchmal etwas andeuten: https://www.n24.de/n24/Nachrichten/Panorama/d/4720182/wer-ist-die-frau-mit-bart-beim-eurovision-song-contest-.html

So deute ich "Conchita" als Wortwitz zu Muschel (= weibliche Religion, als auch Gebärmutter und Vagina zu interpretieren) und "conchieren" selber als vermixen von Elementen, wie wir es aus der Schokoladenherstellung kennen: https://de.wikipedia.org/wiki/Conchiermaschine

Die Venus wird ja auch in der Muschel als die "Perle" dargestellt, wie sie von Mario Prass im Gemälde von Boticelli erwähnt wird: https://en.wikipedia.org/wiki/The_Birth_of_Venus

Ich sehe auch die symbolische "Kreuzigung" die "Ent-Köpfung", also die "Ent-Köppelung" von Roger Köppel (Inhaber des Weltwoche-Magazin und Nationalrat) als Fingerzeig oder eine Spielvariante der Strippenzieher, seine Person und die mit ihm verknüpfte Gegnerschaft der Schweiz sich dem "EU-Reich", d.h. dem neuen Rom, zu widersetzen: Er kam, sah und siegte: NR Köppel wird als Heiland-Jesus in den Medien inszeniert, irgendwelche Intellektuelle tragen ein Kreuz während des Marsches durch Zürich, um dem Heiland alles Wüste und Schande zu wünschen.

https://www.tagesanzeiger.ch/zuerich/region/pDie-Prozession-der-Entkoeppeler-ging-nach-Tiefenbrunnenp/story/26913292

Und kurz vor dem 27. März ist ja dann auch noch passend zur

Verurteilung und Kreuzigung von "Jesus" Ostern! https://www.linker.ch/eigenlink/feiertage.htm

Die Inszenierung mit Ba'Ruch (einem angeblichen Herr Rauch) und Roger Köppel, der fast genau am 18. März (20. März) durch die "Schlagzeilen" geschleift wird, ist ja nicht von der Hand zu weisen, so dass die Strippenzieher oder Kabalisten an die Symbolik mit Jesus erinnern wollen, der auch am Palmsonntag mit seinen Jüngern durch Jerusalem mit dem Esel prozessierten. Übrigens ist das Wort Baruch phonetisch "Brauch", es bedeutet auch genauso "schmutzig", weil ein Baruch ein Schwarzer Mann ist und der Santana, der Santaclaus oder "heilige Samichlaus" hatte auch einen schwarzen Wegbegleiter, der sich ebenso lächerlich schwarz anmalte, wie es hier der Herr Rauch vollzog, der womöglich die Anweisung von oben hatte, diese Show zu inszenieren:

"Rauch" bedeutet auf hebräisch aber auch 'heiliger Geist'; Was wiederum auf die sprachliche Umkehr der Bedeutung "heilig, rein > schmutzig, unrein" hinweist. "Ba-Rauch" bedeutet "schmutzig", weil ein Mensch, der sich im "Rauch" befindet, sich später einschwärzt. Daher ist daraus wohl der 'Brauch' mit dem roten Mann und seinen Geschenken entstanden. https://www.dillum.ch/html/hebraica_historica.htm

(2016: Palmsonntag ist der 20. März, https://www.linker.ch/eigenlink/feiertage.htm)

Denn auch Köppel soll gemäss Geschichtsmatrix symbolisch getötet werden, weil er Leute tötet! > https://www.20min.ch/schweiz/news/story/-Toetet-Roger-Koeppel--13295431

Ist Köppel, dem man eine Freimaurer- oder Logen-Mitgliedschaft nachsagt, etwa ein neuer Hildebrand? Der im Nationalrat wie als Jesus im Tempel aufräumen muss und die Händler und Schacherer heraus wirft? Denn nichts geschieht aus Zufall, wie Churchill einmal sagte.

Die Matrix der Geschichtserfindung wird einfach weiter gesponnen.

Darüber hinaus: Jesus und Maria sind Fiktion. Sie haben nie gelebt und doch tauchen sie überall in der Matrix der Geschichte auf. Vielleicht mögen in der Neuzeit zwei Personen gelebt haben, die bedeutende Natur-Religionsanhänger und Prediger wie die Figuren Maria und Jesus waren. Aber selbst diese Geschichts-Version bräuchte tragfähige Beweise, die es leider nun mal nicht gibt.

Umgekehrt ist einmal eine "Johanna aus Orleans" in der erfundenen Geschichte als ein "weiblicher Jesus" inszeniert worden, der genau so fiktiv ist wie die Jesus-Figur Hildebrand, eine Kopie eines Jesus-Mönches im Mittelalter, die auch gekreuzigt und verbrannt wurde. Hier ist die Spielvariante lustig, dass aus Johannes (Johanna, franz. Jeanne) eine Märtyrerin wurde. Johannes war ja der literarische Wegbereiter für Jesus, der in den Himmel (d.h. "Arc/Ciel" stieg, oder einen "Winkel" anzeigte): https://defr.dict.cc/?s=arc https://defr.dict.cc/?s=ciel https://de.wikipedia.org/wiki/Jeanne_d'Arc

Nebenbei ist interessant, dass der "Arc-Ciel" = der Regenbogen auch durch Mar(i)a-Ohanna, also dem Haschisch-Kraut ausgelöst wird: Der Regenbogen ist eigentlich eher symbolisch als Brückenverbinder zu verstehen, denn er gleicht einem Bogen und verbindet Punkte: Z.B. Das Diesseits mit dem Jensseits, oder zwischen der Welt und einem Topf voller Gold in den Märchen... https://www.google.ch/search?]

Die Freimaurer beten in Wahrheit nach Pike ja nicht die Sonne (=das Männliche, le soleil) sondern den Mond (=das Weibliche, la lune, Mona-LISA) an. Ich bin mir auch nicht sicher, ob Göthe, Leonardo-da-Vinci, Schiller, usw., einfach nur Eingeweihte waren, die die Wahrheit einfach verschlüsselt codiert aufschrieben, oder ob sie wirklich damals zum Widerstand gehörten. Letzteres erscheint mir ziemlich abwegig.

Trotzdem, ein sehr interessanter Vortrag von Mario Prass und es ist sehr interessant, wie Symboliken und Geschichtsfiktion sich heute wieder einmal kulminieren… !

Hallo Grek-AV,

man sieht, du hast die Mechanismen verstanden.

Es ist allerdings nicht richtig, dass die Freimaurer den Mond anbeten.
Sie sind Luziferaner, das ist die Kombination aus Venus+Saturn.

Grundsätzlich geht es aber immer um alle Planetengeister und deren Regentschaft.

2015 und 2016 sind in der Messiasstrategie auch deshalb so bemerkenswert, weil 2015 Karfreitag auf den 3.4 und Ostern folglich auf den 5.4 fiel. Heuer auf den 25.3 und 27.3.

Ich erinnere daran, das 2015 = 5 x 403 = 5 x 13 x 31 ist und verweise auf die Entdeckungen von Mario Arndt, niedergeschrieben in "Das wohlstrukturierte Mittelalter".

Das sind in Analogie die konstruierten Jesus Zeugungs-, Kreuzigungs- und Auferstehungsdaten der Jahre 0, 1 und 33 AD mit JK/GK-Wechsel.

Wie man sieht, haben die bescheuerten Künstler noch mehr Zugang zur getürkten Geschichte als ein Geschichtskritiker namens Allrych. Sie bestätigen live und aktuell die Richtigkeit all meiner Thesen!

Dieses linke Pack ist allerdings auf einem Trip, der sie, wenn sie so weiter machen, in den totalen Untergang führt.

Hicks - der Allrych ist jetzt schon sonntagsmittags besoffen. Heimlich zu viel Messwein bei der Mette vorhin reingeschüttet, was?

Sollen wir mal bei den Aktionskünstlern anfragen, ob sie nicht auch Dich kreuzigen und zu Grabe tragen wollen? Das wär doch mal ein echtes Event von hohem künstlerischen Wert. Meinst Du nicht?

Vielleicht ist der ominöse Herr Rauch ja auch ein echter Judas, dem Du nur ein paar Silbermünzen für die ganze Gethemoney-Aktion geben müsstest, damit sich der Schmutzfink gleich danach real aufhängt.

Und schon hätten wir wieder einen Verräter weniger. Und das wäre auch noch Dir lieber Allrych zu verdanken. Toll, klasse, super, wow!!!

Da unser MOD bald Geburtstag hat und ich heute zufälligerweise Saturnus hörte, die wir am 8.4. in Weinheim live erleben werden, hier ein kleiner Einblick in diese begnadete dänische Doom-band:

Paradise belongs to you schon mal vorab für unseren Mod:

und für Allrych, den Ungläubigen, Veronica (= Vera Icona, das wahre

Abbild, de.wikipedia.org/wiki/Schwei%C3%9Ftuch_der_Veronika)

Decides to Die:

Laut dem Septemberbericht von Google Search Console Team hat dieser Beitrag auf der Webseite de.geschichte-chronologie.de in der Kategorien gewonnen:

- Seiten mit der besten Leistung
- Seiten mit dem stärksten Wachstum im Vergleich zum Vormonat

Daran erkennt man die Insider! Danke!

Pike verrät ja auch nicht alles.

Sonne & Mond ergeben zusammen das männliche im weiblichen. Beide sind getrennt, aber bilden eine Einheit.

Beide bilden das Gegensätzliche!

VII. <u>Sprache:</u>

Die Heilige Deutsche Sprache (Althochdeutsch)[7]

Die Heilige Deutsche Sprache

Unsere deutsche Sprache mußte in den letzten Jahrzehnten sehr viel erleiden. Durch unzählige Anglizismen entstellt, durch eine "neue Rechtschreibung" verfälscht oder im Sinne der Frankfurter Schule umgeschrieben, hat sich unsere Sprache hinunterentwickelt. Und schleichend geht dieser Prozess weiter!

Nur die wenigsten dürften sich bisher mit Sprachwissenschaft beschäftigt und noch weniger dürften hinter die offizielle Entstellung unserer Sprache geschaut haben! Dabei verbirgt sich in unserem Althochdeutschen (ahd.) ein riesiges Erbe unserer Ahnen!

In der Bibel steht geschrieben, daß es einmal eine Ursprache gegeben hat. Die "Babylonische Sprachverwirrung" ist den meisten bekannt, aber hat diese wirklich stattgefunden? Und wie sah diese heilige Ursprache dann aus? Lieber Leser, halten sie sich

---

[7] Vgl. https://geistblog.org/2020/09/21/die-heilige-deutsche-sprache-althochdeutsch-mario-prass/

fest! **Diese Ursprache ist keine andere als unser Althochdeutsch!**

Die Unterdrückung unserer Sprache begann mit der Zwangschristianisierung und der römischen Militärsprache (Latein). Wenn man die ahd. Glossen liest und vergleicht, was in den sogenannten althochdeutschen Wörterbüchern heute enthalten ist, wird man feststellen müssen, daß sehr viel gefälscht und sehr, sehr viele Wörter einfach weggelassen wurden. Da kommt dann automatisch die Frage: Warum tat man das, warum fälscht man Wörter, gibt ihnen eine falsche Übersetzung, warum läßt man Wörter einfach weg?

Das Wort HEILIG heißt im Ahd. „weih". In der Sprache der Osterinseln heißt dieses Wort auch heilig, aber „vai" geschrieben. Wir haben diese Silbe im Wort GEWEIH, als Symbol der Germanen, daß sie eine tiefe Naturverbundenheit hatten, mit den Wäldern vor allem und natürlich mit den Tieren. Einen Hirsch zu erlegen war nicht nur einfach Jagen oder Töten, um etwas zum Essen zu haben. Die Jagd war ein heiliger Vorgang und man sprach vorher mit den Tieren, die man erlegte. Diese Naturverbundenheit gab den germanischen Völkern schon immer eine unglaubliche Kraft, vor der sich die Katholische Kirche fürchtete. Der Grund: Es sind die Naturgesetze, die die Germanen als göttlich und unumstößlich betrachteten, nicht das römisch-katholische Papierrecht. Diese tiefe Naturverbundenheit ist auch heute noch im Deutschen Volk erhalten, denn nicht umsonst sind es die Deutschen gewesen, die den Umweltschutz auch als politisches Programm in die Welt setzten, welche andere Länder auch kopierten. Der tiefe Glaube an die germanischen Götter – als Prinzip, nicht als Personifizierung -, schuf ein sittlich, ehrlich-wahrheitsliebendes Volk. Diese geistig-seelisch Überlegenheit war der Katholischen Kirche ein Dorn im Auge. Daher ließ sie unter anderem nach der Abschlachtung von 4.500 Sachsen auch gleich mal 10.000 Eichen abholzen und zerstörte an die 1000 Wälder. Es geht also wirklich nicht darum, an welchen Gott man glauben soll, zu wählen zwischen Wotan oder Jesus. Solange man dies glaubt, ist man einer Ideologie aufgesessen und wird nie diese Macht erfahren, die entsteht, wenn man die Natur als Verbündeten hat. Hat man sie als Verbündete, wächst man körperlich und geistig über sich hinaus.

Schauen wir uns ein paar Beispiele aus verschiedenen Bereichen und Ländern der Welt an. Bedenken sie bitte dabei immer: Der

Schweizer Sprachwissenschaftler A. Wadler schreibt in seinem Buch DER TURM ZU BABEL auf Seite 119, daß die Wahrscheinlichkeit, den gleichen Wortstamm (Wortlaut) mit der gleichen Bedeutung in nicht verwandten Sprachen zu finden, 1 zu 4.900.000.000 bis 11.025.000.000 beträgt!

Die Bibel/ Paulinismus/ Katholizismus

Das Wort KIRCHE, im Ahd: „kirihha, kilihha, cirihha, cilihha" bedeutet „das Gleiche". Dieses „Gleiche" ist eine Form urdemokratischer Einrichtung der Germanen und hatte überhaupt nichts mit der katholischen KIRCHE gemeinsam. Das lateinische Wort „ecclesia" kommt aus dem Ahd. von den oben schon erwähnten Wörtern für KIRCHE.

Man sagt, daß Wort KATHOLISCH käme aus dem Griechischen und bedeute „allgemein". Andere Forscher behaupten, es bedeute „rechtsgläubig". Die griechische Sprache ist aber genau genommen ein ahd. Dialekt der Dorer! Das ahd. Wort „cautolo" bedeutet nicht „katholisch" sondern IRRLEHRE. Das Adjektiv „tol" bedeutet DUMM, VERIRRT, ALBERN, TÖRICHT. Davon gibt es auch die Formen „tolic" und „catolic", was wörtlich die VERDUMMTEN, die IRREGELEITETEN, die TÖRICHTEN bedeutet. Das sind sprachwissenschaftliche Wahrheiten. Doch wenn man heute ein ahd. Wörterbuch aufschlägt, wird man feststellen, daß das Wort KATHOLISCH mit „catolic" übersetzt wird. Nur dieses Wort steht da, sonst keine Erklärungen.

Dennoch kann man sprachwissenschaftlich Vieles von den falschen Übersetzungen aufdecken. Das Wort BIBEL. Griechisch heißt es „biblios", was soviel wie BUCH bedeutet. „biblios" oder auch die „Christenbibel" kommen vom ahd. Wort „fibal", die FIBEL. Oder die Wörter ADAM und EVA. ADAM bedeutet heute noch im Türkischen und anderen Sprachen einfach „der Mensch", ist also keineswegs der Name des „ersten Menschen". EVA ist auch kein Name einer Frau, sondern kommt vom ahd. „ewah" = „ewig". **ADAM und EVA heißen im ahd. „man evah" oder „mana ewah" und bedeutet: der EWIGE MENSCH!**

Die Geschichte von der zeugungslosen Geburt ist in mindestens drei Formen erhalten. Hier zwei Formen: FREYA gebar WOTAN ohne Zeugung. MAYA gebar BUDDHA ohne Zeugung. Man sieht die Gleichheit beider Namen, von Freya zu Maya, wo nur ein „r" verloren ging und der Lippenlaut „f" in de Lippenlaut „m" verwandelt wurde, wie bei WOTAN und BUDDHA, wo ebenfalls der Lippenlaut

„w“ in den Lippenlaut „b“ überging. Dann haben wir die Geburt JESUS durch MARIA. MARIA ist ebenfalls nur Freya. Wenn man alle Abwandlungen kennt, dann wird man dies leicht einsehen können. Viel ältere Germanisten, wie Wilhelm Braune, wundern sich, daß Maria in ahd. und mhd. Zeit, zweisilbig geschrieben und gesprochen wurden, also „mar-ja“. Das „j“ kann man auch als ein „i“ lesen. Die Silbe „mar“ ist eine uralte Silbe aus dem Sanskrit, und bedeutet die FORMGEBENDE. In ahd. Texten wird JESUS immer mit „Ihesum“ oder „Ihesu“ angegeben. „i hesu“ aber bedeutet auf Ahd. = „Ich heiße“ oder „Ich heiße mich“. Ich heiße mich einen Zimmermann bedeutet also: Ich bin Zimmermann von Beruf. Das Wort CHRISTUS heißt keineswegs „der Gesalbte“, abgeleitet vom griechischen Wort „chrisma“, sondern geht vom ahd. „chiristo, churisto, kiristo, kirusti, gihrusti“ = der GERÜSTETE, der STREITBARE (für das GUTE = GOTT) zurück. Außerdem bedeutet das Wort CHRISTUS auch gleichzeitig das Wort GERÜST, VORRICHTUNG, GALGEN und damit auch das KREUZ, der KREUZGALGEN. So bedeutet der ahd. Satz: „i hesu mi chiristo“ = ich bin der Gerüstete, der Streiter für das Gute.

In der Bibel stehen die Wörter JAHWE, JEHOWA, was „der Ewige“ bedeutet. Im Ahd. heißt „eviha“ = Jahwe und „eowiha“ = Jehowa. Dann gibt es den Gott ELOHIM. Wenn man das „l“ durch ein „r“ ersetzt (was in vielen Sprachen, vor allen in vielen Dialekten des Chinesischen zu finden ist) so erkennt man, daß ELOHIM das ahd. „ero him“ ist und „ehret ihn“ bedeutet. ELOHIM ist also kein Name für einen Gott!

„Geschrieben steht,

im Anfang war das Wort,

hier stock ich schon,

wer hilft mir weiter fort,

ich kann so hoch das Wort unmöglich schätzen,

ich muß es anders übersetzen.“

Goethe -Faust

Im Deutschen ist das Wort WORT mit dem Wort WERDEN verwandt. Ein Wort ist ein Laut oder Schrift gewordener Gedanke. WORT und WERDEN jedoch zu verwechseln war im Ahd. noch leichter als im heutigen Deutsch, wie die ahd. Formen „worton, worten“ für GEWORDEN zeigen. Also müßte man es richtig übersetzen:

„Im Anfang war das Werden und das Werden war gut und gut war das Gewordene“.

Als die Welt erschaffen, erbaut wurde, soll es das TOHUWABOHU gegeben haben, was man mit Chaos übersetzt. Das ist falsch! Wenn irgendwo etwas erbaut, erschaffen wird, dann wird gepocht und gehauen, dann wird etwas strukturiert umgesetzt, wie auf jeder Baustelle. Und das HAUEN und POCHEN heißt eben im ahd. „te huwa bohu“, “huwa“ = HAUEN, „bohu, pohu“ = POCHEN. Bei den Maya-Quiche übrigens ebenso!

Das ahd. Wort „cherub“ bedeutet GERAUBT. MAN BERAUBTE IHN ist im ahd. „cherub im“. Da Rauben meistens mit dem Schwert oder anderen Waffen erfolgte, machte man aus der Wortfolge „man beraubte ihn“, einen das Paradies mit dem Schwert bewachenden

„Cherubim“. Die Sprachentstellungen wird so zur Sprachverwirrung wie man sehen kann.

Islam

Der Name des Koran, des heiligen Buches des Islam, bedeute Buch, so erzählt man uns, aber Buch heißt im Arabischen, im Türkischen und vielen verwandten Sprachen „Kitab, Kitub“, eine Verdrehung des ahd. „tia buoh“, englisch „book“, über „ti bak, ti buk“ wurde „kitab“. KORAN aber heißt im ahd. die PRÜFUNG. Der allmächtige Gott heißt bei den Arabern „allahu“, hier ist nur ein M verloren gegangen gegenüber dem ahd. „allmahu“. Heute noch wir in Pakistan und Südindien der Name „alahu“ gesungen, sogar in den Bollywoodfilmen. Der mächtige Befreier und Erlöser heißt bei den Moslems „Mah-di“, ahd. „mahdi“, der MÄCHTIGE. Das H sollte hier wie ich CH ausgesprochen werden, also nicht MAHDI sondern „MACHDI“ aussprechen. Es ist der CH-Laut, den die arabische Sprache und das Schweizer-Deutsch identisch haben. Der MESSIAS der Juden und Christen ist keineswegs einer, der noch mal kommen wird, da wird man ewig warten können, es ist das ahd. Wort der „mahdi, mahtico“, es ist lediglich aus T ein SS geworden.

Judentum

Es gibt einen deutschen Stamm, der DIUTEN heißt und als JUTEN zusammen mit ANGELN und SACHSEN nach Britannien zog und vorher im heutigen dänischen Jütland und weiter südlich saß. Die Juden nennen sich das „auserwählte Volk". Viele behaupten oder sind der Meinung: „Am deutschen Wesen solle die Welt genesen". Egal, wie man dazu stehen mag. Angesichts so vieler ahd. Parallelen zwischen Juden und Deutschen fällt auf, daß zwischen dem Namen der Juden und dem der Deutschen, oder der DIUTEN, nur ein winziger Unterschied besteht. Die Juden haben ein D als ersten Buchstaben ihres Namens verloren.

Vor ca. 20 Jahren trat ein israelischer Professor im Fernsehen auf und behauptete, die Deutschen sprächen ja eigentlich hebräisch, so viele Sprichwörter und Redewendungen seien in beiden Sprachen so sehr ähnlich. Der Mann hatte fast Recht. Er hätte nur sagen müssen, daß die Hebräer eigentlich deutsch, althochdeutsch, sprechen.

Übrigens, der „Jude" Jesus von Nazareth, aus dem die Katholische Kirche dann den Christus machte, soll ARAMÄISCH = ALAMANISCH, d.h. eine arische bzw. indogermanische Sprache gesprochen haben. Die vielen Nachbarn der Juden, Araber,

Armenier, Libanesen, sie alle tragen, wenn man den R-Laut in einen L-Laut und den B-Laut in einen M-Laut verwandelt, den Namen „Allemannen, Alamannen“ in ihrem Namen. In Saudi-Arabien steckt sogar beides, „diuda“ und „ala-mia“, also deutsch und alamannisch.

Und wie ist es mit dem Hause Davids der Juden? War David überhaupt ein Personenname oder ist damit nicht das „Haus Diuda“ gemeint, zumal der V-Laut in alten Zeiten stets nur als U-Buchstabe geschrieben wurde? Sagen nicht die herkömmlichen Wissenschaftler, das Saudi-Arabien einst „Dilmun“ hieß und das Reich der Königin von Saba war? In „Dilmun“ steckt leicht erkennbar das Wort „di“ oder „der alman“ drinnen. Ist bei der Königin von Saba möglicherweise ein W verloren gegangen, so daß wir von der „Königin von Schwaba, Swaba“, sprechen müssen? Salomon und die Königin von Saba heißt dann vielleicht: der Alemann und die schwäbische Königin. Schwaben und Allemannen leben auch heute noch eng zusammen in Deutschland, haben verwandte Dialekte und waren schon zu allen Zeiten eng beieinander.

Russland

Daß das russische Wort für Kaiser, „Zar“ nur die zweite Silbe des ahd. „kaizar“ ist, dürfte manchem neu sein. Das „ow“ von Moskau, ist das ahd. „ouwe, owwe, ouwia". All die vielen „slawischen" Namen, ob tschechisch, polnisch oder russisch, die auf „-ow, owski" enden, bedeuten genau das ahd. „Aue"!

Japan

Heilige Holzschreine, ahd. „shrin(e)", heißen im Japanischen „shin". Nur ein R ist verschwunden. Der berühmteste Schrein ist der „Itsukushima-Schrein", ein Holztor, das „tori" genannt wird. Zur Ergänzung sei bemerkt, das Tor im ahd., wie heute noch im Englischen, dem alten sächsischen Dialekt, mit doppeltem O, also „toor, door" und „tor" geschrieben wurde. Zum Wort „Itsuku": Man erkennt, daß es nur eine leichte Verdrehung des ahd. „tiusku", was DEUTSCH bedeutet, ist. Das können viele nicht glauben, daß das höchste Heiligtum in Japan, ein Holztor ist, was quasi als „deutsches Tor" bezeichnet wird und außerdem mit dem ahd. Wort „shrine (shin)".

Die GÖTTER heißen im Japanischen die „kami", die „Gekommenen" = ahd. „kam". Nach der japanischen Mythologie sollen sie vom Himmel gekommen sein. Diese „Gekommenen" werden wir noch weltweit wiedertreffen in anderen Mythologien und Sprachen. Die große Mutter der japanischen Götter heißt „Amaderasu no okami". Schauen wir das Wort näher an, so sehen wir, daß es das ahd. „(di)a mader anookami", die angekommene Mutter, vielleicht auch „dia mader ano" (ahd. ano = Ahne) o(n)kami ist. Beides bedeutet jedoch, die ANGEKOMMENE MUTTER oder AHN(EN)MUTTER. Das ist es, was der japanische Name ausdrücken soll. MEIN GOTT würde auf ahd. „min koto" lauten. Interessant ist hier: Wenn die Japaner ihre Göttermutter oder die anderen Götter im ältesten Literaturdenkmal, dem „Nihongi", ansprechen, dann mit: „Mikoto" = MEIN GOTT. Es gibt Leute deutscher Muttersprache, die sich vornehm ausdrücken wollen, diese sagen nicht „ich trinke", sondern „ich nehme einen Trunk". Der Engländer sagt sowieso „I take a drink", eben „Ich nehme einen Trunk". Der Japaner sagt nun für TRINKEN „nomu", was vom Ahd. „neman", eben NEHMEN kommt, genauso wie ESSEN im Japanischen „taberu" heißt und dem deutschen „tafeln" entspricht, denn einen L-Laut ersetzt der Japaner grundsätzlich durch einen R-Laut. Das Wort „yoi" bedeutet GUT und ist ebenfalls das ahd. „guat, guot".

In einer japanischen Chronik „Nihongi" genannt, die ins Englische übersetzt wurde, kann man folgendes finden: In diesem Text sind jede Menge ellenlanger, angeblicher japanischer Götternamen aufgeführt, die fast alle mit dem Ausdruck „Mi-koto" enden, (ahd. „min kot, min koto" = MEIN GOTT). Ich habe eine Reihe hier ausgewählt und führe sie nachfolgend auf:

JAPANISCH – ALTHOCHDEUTSCH – HEUTIGES DEUTSCH

1) Imi kasbiki no Mikoto – Imi kasbiki nu mi(n) koto – Ihm schickte nun mein Gott

2) Awo kashiki ne no Mikoto – Awo kashik ine nu mi(n) koto – Wehe schickte ihn nun mein Gott

3) Aya kashiki ne no Mikoto – Aya kashik ine nu mi(n) koto – Arges schickte ihn nun mein Gott

4) Oho to mähe no Mikoto – Ouh ta mähe nu mi(n) koto – Auch machte da nun mein Gott

5) Oho-to-ma-hime no Mikoto – Ouh ta mahi meno mi(n) koto – Auch machte da Männer mein Gott

6) Chishiki no Kami – Chishiki nu kami – (der) Geschickte nun kam

7) Oho-to-ma-hiko no Mikoto – Ouh ta mahi kono mi(n) koto – Auch machte da Frauen mein Gott ahd. kena, quena = (hier zu kono geworden)

8) Takecht nokori no Mikoto – Ta ke chino korino mi(n) koto – Da geht hin gereinigt mein Gott oder: Da geht hin zu reinigen mein Gott

9) Saki dama no Mikoto – Saki da mano mi(n) koto – Sagte da dem Manne mein Gott

10) Iku-tsu hiko ne no Mikoto – I kusuhi kone nu mi(n) koto – Suchte die Frau nun meinen Gott oder: Suchte die Frau nun mein Gott

Afrika

Auch das Swaheli, eine afrikanische Sprache (Kongo, Kenia, Bantusprache, Ostafrika) hat noch diesen Namen erhalten. Das ahd. „heli, heilac, hilac" und das ahd. „spraha" = die Sprache, ergeben Swaheli, weil aus dem P-Laut der W-Laut wurde und R und H verloren gingen. Swaheli oder Kiswaheli ist also das ahd. „ti spraha heli" die heilige (nämlich deutsche) Sprache.

Die meisten von uns kennen die Geschichte des Turmbau zu Babel aus der Bibel der Christen. Babel soll in Babylonien gelegen haben.

„Es hatte aber alle Welt einerlei Sprache ... und der Herr fuhr danieder und verwirrte ihre Geister“. Was bedeutet der Name „Babylon“? Es gibt ein ahd. Wort, das „babwe, bouwen, buan, buwan“ lautet und das heutige deutsche BAUEN, BAU, bedeutet. Dieses Wort nun steckt in Babylon, während der zweite Teil des Wortes Babylon entweder das ahd. „lan, lant“ = LAND oder ahd. lanc = LANG enthält. Babylon heißt also „Land des Baues“ oder „langer (großer) Bau“. Der Name selbst weißt tatsächlich auf die Geschichte des Turmbaus hin. Es gibt im ahd. ein zweites Wort für Bau, das „cimpar“ heißt und mit dem modernen deutschen Wort ZIMMERN, ZIMMERMANN, verwandt ist. In Afrika gibt es ein Land, das heute „Zimbabwe“ heißt, nach den Ruinenstätten, die man in diesem Land vorfindet. Diese Ruinen tragen einen ahd. Namen, nämlich gleich zwei ahd. Wörter für Bau. „Zimbabwe“ heißt also der „Bau-Bau“ oder der „Gebäude-Bau“ oder eleganter und besser ausgedrückt, der „Zimmer(manns)bau“, der „gezimmerte Bau“. Was aber kann man in Artikeln von angeblich ernsthaften Sprachforschern, lesen? Zimbabwe käme vom Simba, der Löwe.

Tiger und Jaguar

Sehen wir uns einmal die Etymologie der Worte TIGER und JAGUAR an. Es hat in Deutschland und den meisten Teilen Europas niemals diese Tiere gegeben. Anders als beim Löwen, der hier auch nicht lebte – von dem man aber überall steinerne Abbildungen in Europa und Deutschland findet, auf Wappen, Ritterrüstungen, Rathäusern, Wirtsstuben usw. -, wurden Tiger und Jaguar auch nie abgebildet in alten Zeiten. Um so mehr muß es erstaunen, daß das Wort TIGER, – dies kann man in jedem etymologischen Wörterbuch nachlesen, von ahd. „ti gir tior“ = DAS GIERIGE TIER, oder abgekürzt, „ti gira“ = DIE GIERIGE, herkommt. Ebenso ist Jaguar das „jaguari“ = der JÄGER. Hier wird allerdings behauptet, das Wort käme aus den Tupi- und Guaranisprachen. Nun aber sind Tiger und Jaguar Tiere, die in ihrem angestammten Lebensraum bleiben und keine Erfindung, kein Handelsgegenstand, der, wie bei der Lehnworttheorie behauptet, zusammen mit dem entsprechenden Wort, mit seiner Bezeichnung, in andere Kultur- und Sprachkreise übernommen wird. Nun verwenden aber fast alle Sprachen der Welt dieses ahd. „Tiger“ in Formen wie „tigre, tiger, tigera“, usw. Die Japaner sagen „tora“, was aus dem ahd. „ti gira“ über „to (gi)ra“ zu „tora“ gekommen ist. Und die Azteken bezeichnen den Jaguar sogar mit einem weiteren ahd. Wort, nämlich „te quani" = ahd. „te chuani", der Kühne.

Alle Welt bezeichnet also zwei Tiere, die nie in Deutschland gelebt haben, mit drei ahd. Wörtern, mit Bezeichnungen, die alle exakt bestimmte Eigenarten dieser Tiere beschreiben, die nur im Deutschen vollen Sinn ergeben!

Wotan als Kulturbringer

Erhard Landmann schreibt in "Die Weltbilderschütterung": "Alle großen Kulturbringer weltweit tragen den Namen Wotans, so wurde mir plötzlich klar. Wotan bei den Germanen und den Mayas. Buddha ließ sich auch auf Wotan zurückführen, und Buddha hieß bei den Japanern und anderen Ostasiaten Sakya Muni, der "sächsische Mönch", und stammte aus dem Volk der Sakya, der Sachsen. Also genau wie bei den Angeln und Sachsen Britanniens und bei den Mixe-Soque und in Peru. Ein Kloster in Tibet heißt heute noch Sakya, und in der zweiten Silbe des Wortes Tibet erkennt man noch bet, wet, also den Namen Wotans. Der angebliche Vorname Buddhas, Gautama, oder Cotama, kommt vom ahd. guter Mann oder Gottesmann. Das war eine wichtige Erkenntnis. Denn der Kulturbringer der Osterinsel war Hotu Matua.

Hier war aus dem ahd. Huotu nur ein u verloren gegangen, so daß sich hinter Hotu Matua Huotu Man guata verbirgt. Bei den Inkas gab es Manco Capac, was sich auf Wotan (Capac C zu T und n, P zu w) Man cot zurückführt. Und wir hatten ja dort auch das Intihuatana und das Sacsaqueman. Der Gott aber der dortigen Völker hieß Viracocha, was ahd. vera cuot, der wahre Gott, bedeutet und nicht der "Schaumgeborene" oder was sonst vermeintliche Sprachwissenschaftler erfinden. Der große Manitou bei den Indianern Nordamerikas enthält wieder das Man cuot, nur der Wotanzusatz ist hier verloren gegangen, aber wie wir bereits sahen, die ani sazi, das Volk Wotans, war auch vorhanden. Auch Moses und Mohamed enthalten den Namen Wotans. Moha und Wed, der mächtige Wed, der mächtige Wotan."

Schlusskommentar

Eltern sollten wissen, daß es früher keine Rechtsschreibung gab und die Sprache sich so entwickelte, wie es die Mundarten zuließen. Wenn ein Schüler heute das Wort TAT mit H schreibt, also THAT, dann zeigt er, daß seine Entwicklung mit diesem Wort noch im 18.-19. Jahrhundert verweilt. Ebenso, wenn ein Schüler das TAL wie THAL schreibt. Oder wenn Schüler das Wort DEUTSCH als

TEUTSCH schreibt oder das HAUPT mit B, also HAUBT und so alle zusammengesetzten Wörter wie HAUBSPRACHE usw., dann befindet sich deren deutsche Sprachentwicklung im 17. Jahrhundert.

Und wenn Schüler das Wort ABLEITEN als ABALEITEN schreiben, dann ist das nach hiesiger „Rechtschreibreform“ ein Fehler, aber so hat man es im 9. Jahrhundert geschrieben. Ebenso das Wort DAHEIM, was man früher im 8. Jahrhundert DARHEIM schrieb. – Hierbei ist nicht einmal die Groß- und Kleinschreibung berücksichtigt.

Es sind also nicht Fehler, die Kinder und Jugendliche in ihrer Sprachentwicklung machen. Sie erleben in geraffter Form alle Stufen der Sprachentwicklung, die es zu durchleben gilt. Daher ist es sinn- und verantwortungslos, Kinder und Jugendliche in Schreibdiktaten zu beurteilen, weil ihre Sprach- und somit auch Schreibentwicklung nicht abgeschlossen ist!

Wären unsere Deutschlehrer mit der „Ontogenese“ des Deutschen Sprachtums ausgebildet, müssten sie von selbst erkennen, wie unsinnig es ist, Schreibdiktate zu beurteilen. Die Rechschreibreformen sind daher – ausgegangen von Martin Luther, ein politisches Diktat. Jede Rechtschreibreform, die nicht die geschichtliche Sprachentwicklung unserer Kinder berücksichtig, ist willkürlich und behindert jede geistige Entwicklung!

http://friedensvertrag.org/index.php/lexikon-2/58-die-heilige-deutsche-sprache https://www.youtube.com/embed/dim_kl8QDr8?version=3&rel=1&fs=1&autohide=2&showsearch=0&showinfo=1&iv_load_policy=1&wmode=transparent TelegramVKWhatsAppFacebookTwitterEmailBloggerWordPress von Raam Dev.

Printed by Books on Demand GmbH, Norderstedt / Germany